공룡

글 클리브 기포드 | 그림 커스티 데이비드슨 | 번역 김지연

Published in 2022 by OH!, an Imprint of Welbeck Children's Limited, part of Welbeck Publishing Group

All rights reserved. No part of this publication may be reproduced, stored in a retrieval system, or transmitted in any form or by any means, electronically, mechanical, photocopying, recording or otherwise, without the prior permission of the copyright owners and the publishers.

Design, illustrations and original English language text © Welbeck Children's Limited 2022

KOREAN language edition ⓒ 2023 by Forest With You Publishing Co.

KOREAN translation rights arranged with Welbeck Publishing Group through Pop Agency, Korea.

스몰 앤 마이티
작지만 강한 지식

공룡

글 클리브 기포드 | 그림 커스티 데이비드슨 | 번역 김지연

너와숲

목 차

공룡의 종류
9

거대한 공룡들
33

사냥꾼과 사냥감
55

또 다른
선사시대
동물들
87

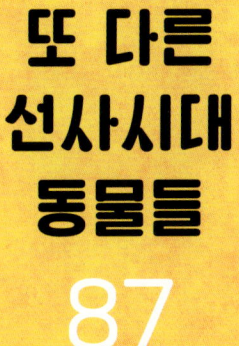

공룡에 대해
어떻게
알아낼까요?
113

공룡의 세계로 출발!

공룡은 파충류랍니다. 네, 맞아요.
악어나 거북, 도마뱀과 같은 종류이지요. 공룡은
지구에 1억 4000만 년 전부터 살았어요. 아주
오래전에 멸종했지만, 엄청난 크기와 독특한 모습,
그리고 무시무시한 특징으로 여전히 사람들을
놀라게 하고 있답니다.

예전에 사람들은 공룡에 대해 그저 크고,
천천히 움직이며, 비늘로 덮인 괴물이라고만 생각했어요.
하지만 과학적으로 연구되면서 공룡은 종류도, 크기도,
모습도 다양하다는 것을 알게 되었어요. 공룡에 대해
알아보는 건 언제나 흥미로워요! 아직도 밝혀지지 않은
것들이 많이 남아 있어요. 우리는 공룡에 대해
새로운 사실들을 계속 알아 가고 있어요.

공룡의 종류

Types of Dinosaurs

1842년 영국의 생물학자
리처드 오언이
'공룡(Dinosaur)'이라는 단어를
처음으로 사용했어요.
바로 '무시무시한 도마뱀'이라는
의미였지요.

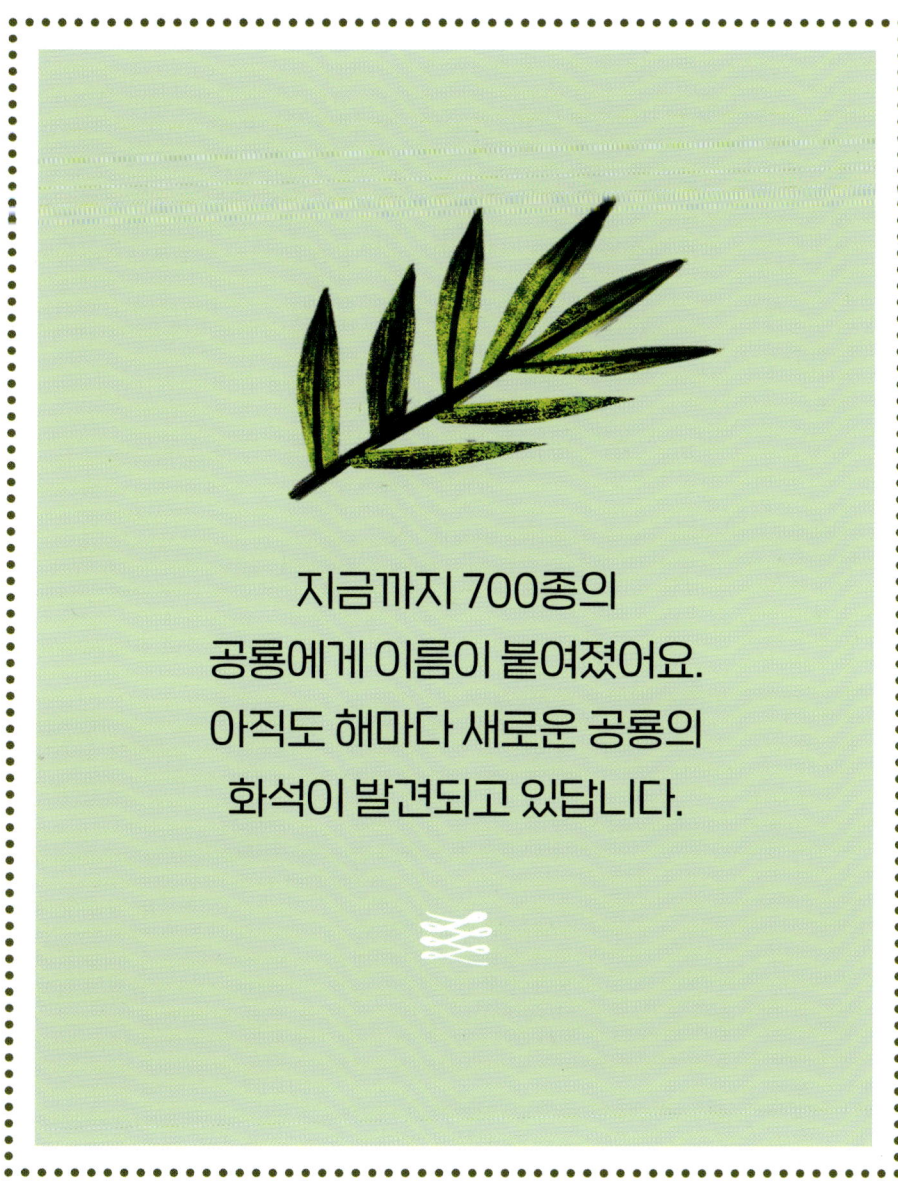

지금까지 700종의
공룡에게 이름이 붙여졌어요.
아직도 해마다 새로운 공룡의
화석이 발견되고 있답니다.

오래전 사람들은 모든 공룡의 피부에
비늘이 달려 있다고 생각했어요.
하지만 과학적으로 연구한 결과, 어떤 공룡들은
깃털을 가지고 있다는 것이 밝혀졌어요.
예를 들어, 키티파티는
깃털과 부리가 있고 이빨이 없는
공룡이에요.

키티파티

어떤 공룡들은 아주 작았어요. 파르비쿠르소르는 몸무게가 채 300그램도 되지 않고, 에피덱시프테릭스의 몸무게는 겨우 165그램이랍니다. 다 자란 햄스터보다 가벼웠던 거지요!

재미나게도 공룡은 엉덩이 모양과 위치에 따라 크게 두 그룹으로 구분된답니다. 쉽게 말해, 엉덩이뼈(골반)가 분류의 기준인 셈이지요!

먼저 현대 조류와 비슷한 모양의 엉덩이뼈를 가진 공룡들을 조반목으로 분류해요. 스테고사우루스와 트리케라톱스가 여기에 속하지요.

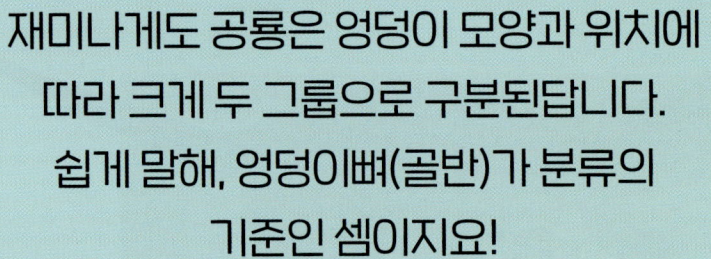

다른 그룹은
용반목으로,
브라키오사우루스나
데이노니쿠스가
여기에 속해요.

데이노니쿠스는 1억 1000만 년에서
1억 2000만 년 전에 살았어요. 사람 키와 비슷한
몸집에 양손과 양발에는 무시무시한 발톱이 나 있었어요.
발톱 중 길이가 13센티미터에 이르는 유독 길고
휘어진 것이 있었는데, 달리면서 방향을 바꿀 때나
먹이를 잡을 때 유용했을
거예요.

공룡은 2억 4500만 년에서
2억 6600만 년 전 사이의 기간인
중생대가 시작될 무렵에 출현했고,
중생대가 끝날 무렵에 멸종했어요.
사람이 나타난
50만 년 전 무렵에는
공룡이 이미 사라진 후였지요.

중생대는 트라이아스기, 쥐라기, 백악기 세 개의 시기로 나뉘어요. 각 시대마다 서로 다른 공룡들이 살았답니다. 그러니까 스테고사우루스는 티라노사우루스와 싸우지 않았을 거예요. 스테고사우루스는 쥐라기 시대에 살았고, 티라노사우루스는 7000만 년 후인 백악기 시대에 살았거든요!

알로사우루스는
스테고사우루스를 사냥한 쥐라기 시대의 포식자예요.
키가 5미터나 되는 거대한 육식 공룡이었지요.
몸무게가 많이 나갔지만, 튼튼한 뒷다리를 보면
아주 빨리 달렸다는 것을 알 수 있어요.
시속 32킬로미터로 말이에요!

알로사우루스의 턱은 아래위로 80센티미터나 벌어졌어요. 그 사이에는 날카롭고 튼튼한 이빨이 나 있었지요.

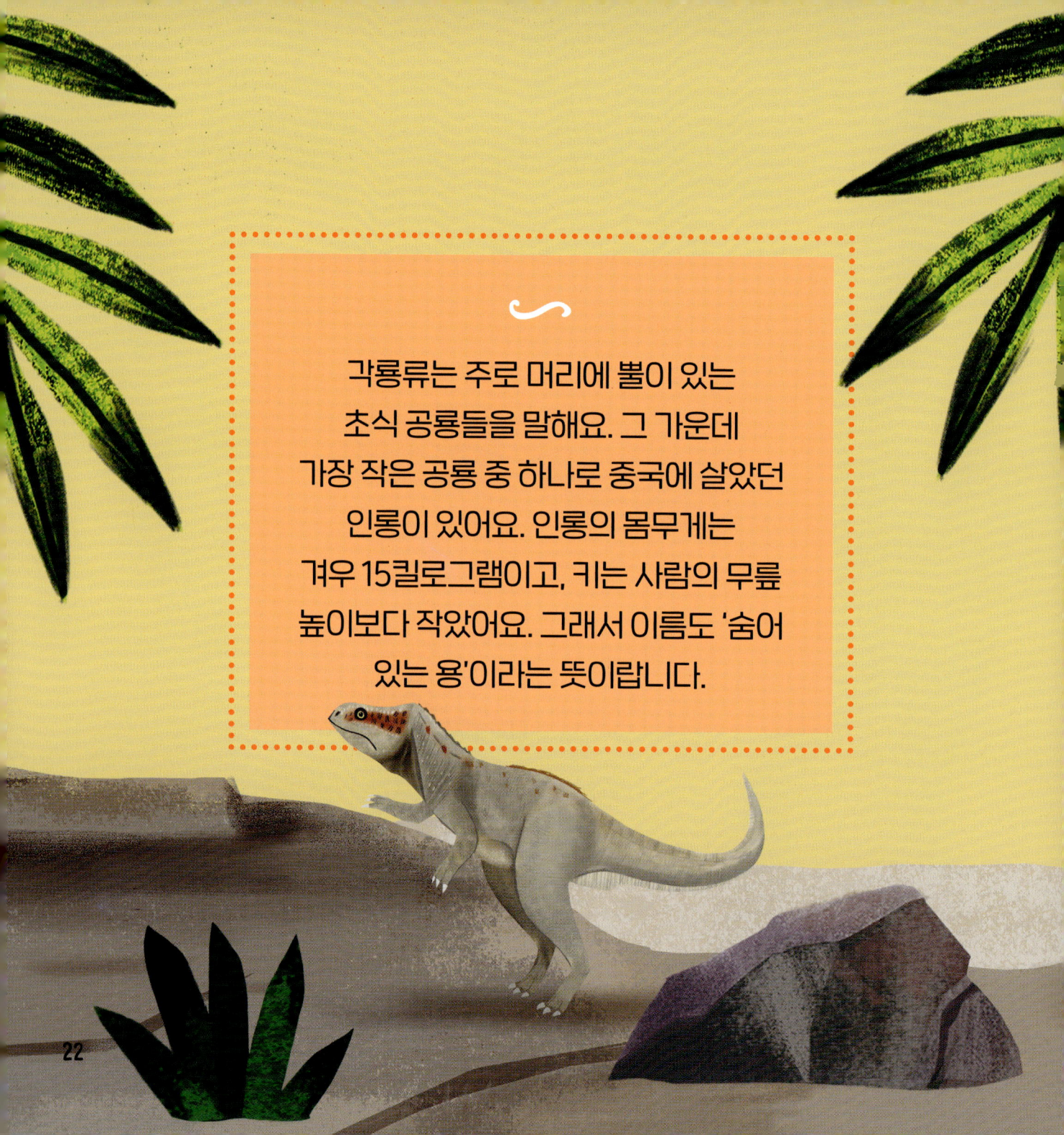

각룡류는 주로 머리에 뿔이 있는 초식 공룡들을 말해요. 그 가운데 가장 작은 공룡 중 하나로 중국에 살았던 인롱이 있어요. 인롱의 몸무게는 겨우 15킬로그램이고, 키는 사람의 무릎 높이보다 작았어요. 그래서 이름도 '숨어 있는 용'이라는 뜻이랍니다.

많은 각룡류 공룡들이 앵무새와 비슷하게 생긴 주둥이를 가지고 있었어요. 머리 위에는 뼈로 이루어진 프릴이나 뿔이 있었지요. 아마도 자신을 보호하기 위해 사용했을 거예요. 인롱을 포함한 몇몇 공룡은 두 발로 걸어 다녔어요. 물론 네 발로 다니는 공룡도 있었지요.

인롱

트리케라톱스는
미니밴보다 커다랗답니다!
길이는 9미터, 몸무게는 몬스터 트럭*보다
무거운 6톤에 이르는
거대한 공룡이었지요.

*몬스터 트럭 : 흔히 경주용으로 쓰는 아주 큰 픽업트럭

트리케라톱스의 친척인 코스모케라톱스는 머리에 뿔이 15개나 나 있어요. 그중 하나는 뺨에 나 있답니다.

하드로사우루스류는
오리너구리와 비슷한 주둥이를 가진
초식 공룡들이에요. 그 가운데 가장 큰
공룡은 산퉁고사우루스로,
최대 16미터까지 자랐답니다.
커다란 악어보다 두 배나
긴 셈이지요!

마이아사우라

모든 공룡은 알을 낳았어요. 하드로사우루스류 가운데 하나인 마이아사우라는 30~40개나 되는 알을 낳았는데, 알을 낳기 전에 알을 지켜 줄 둥지를 만들었지요.

하드로사우루스류 중
어떤 공룡은
알을 낳은 뒤
나뭇가지나 잎으로
덮어 두었어요.
식물이 썩으면서
나는 열이
알을 따뜻하게
해 주었거든요.
정말 똑똑하지요?

알에서
부화한 뒤
새끼 공룡은
아주 빨리 자라요.
어떤
하드로사우루스류
공룡은
부화한 지
겨우 4~6주 만에
두 배 크기로
자랐답니다.

또 다른
하드로사우루스류 공룡인
파라사우롤로푸스는
완전히 다 자라기 전까지는 두 발로
다니지만, 다 자란 후에는
네 발로 걸어 다녔어요.

파라사우롤로푸스는 머리에 기다란 볏이 있어요.
무려 182센티미터까지 자라기도 했지요.
뼈로 이루어진 볏은 속이 텅 비어 있었어요.
많은 공룡 전문가들이 파라사우롤로푸스가 이 볏으로
커다란 울음소리를 내서 동료들에게 위험한 상황을
알려주었을 거라고 추측한답니다.

거대한 공룡들
Dino Giants

용각류는
공룡들 중에서 가장 큰
종류예요.

이 거대한 선사시대 공룡들은
어마어마한 몸무게를 지탱해 주는 놀라울
정도로 튼튼한 네 개의 다리를 가지고 있었어요.
어떤 용각류 공룡은 길이가 30미터가 넘고,
몸무게는 50톤도 더 나갔답니다.

용각류 공룡의 몸집이 얼마나 커다란지 짐작하게 해 주는 발자국이 있어요. 2017년 오스트레일리아에서 발견된 어느 용각류 공룡의 발자국은 길이가 175센티미터, 너비가 90센티미터나 돼요! 2019년 프랑스에서 용각류 공룡의 허벅지 뼈 하나가 발굴되었는데, 사람의 키를 훌쩍 뛰어넘는 2미터 길이였답니다!

마멘키사우루스의
몸길이는 테니스장보다
더 긴 24~26미터였어요!

용각류 공룡들은 대부분
작고 가벼운 머리와 긴 목을
가지고 있었어요. 그런 특징
때문에 용각류 공룡들은
가만히 서서 많은 식물을
먹을 수 있었답니다.

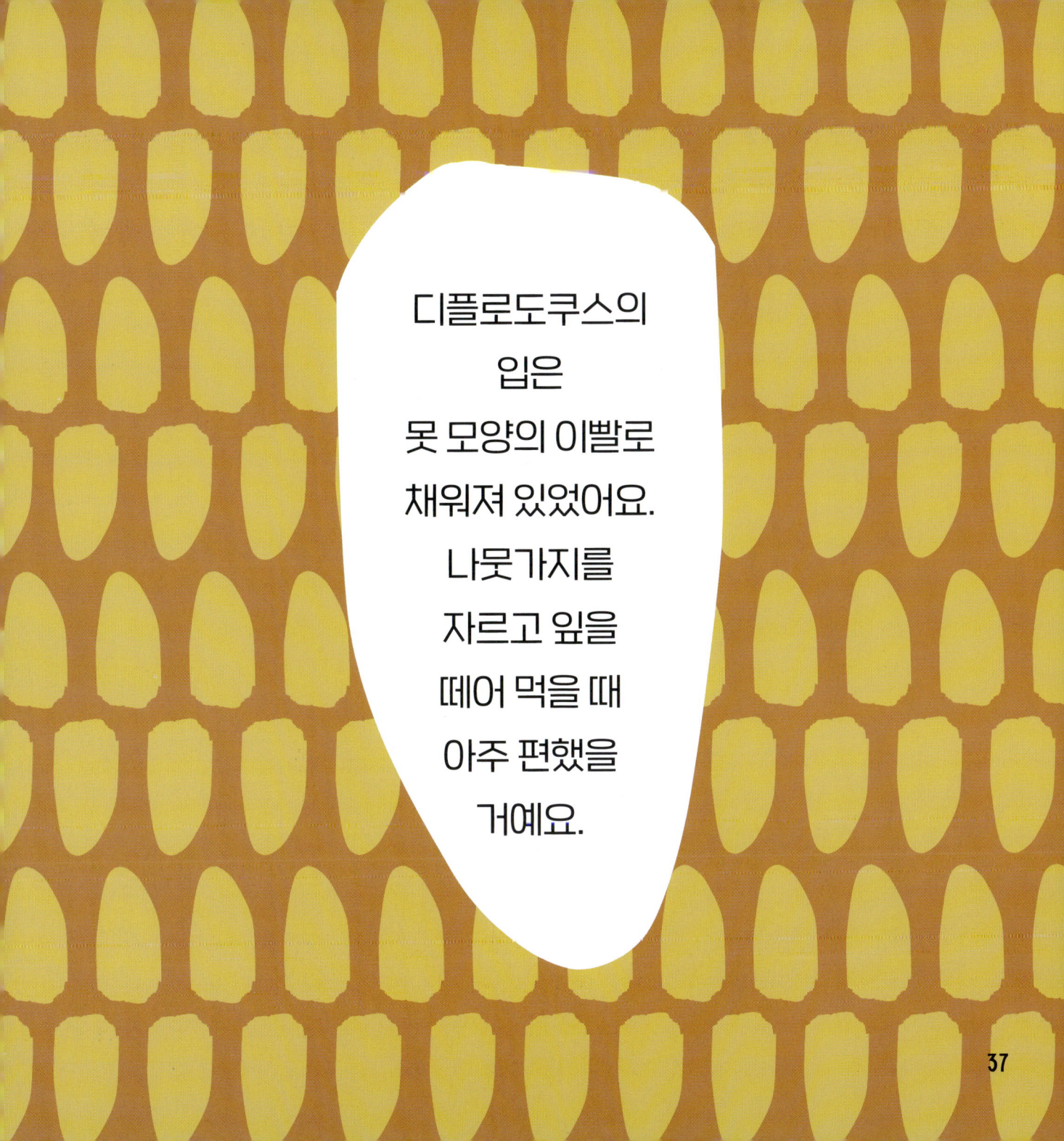

디플로도쿠스의
입은
못 모양의 이빨로
채워져 있었어요.
나뭇가지를
자르고 잎을
떼어 먹을 때
아주 편했을
거예요.

수퍼사우루스

많은 공룡 전문가들이 여러 종류의 용각류 공룡들이 같은 지역에서 함께 풀을 뜯어 먹으며 살았을 거라고 생각해요. 키가 큰 용각류 공룡들은 높은 곳에 있는 잎을 먹으며 낮은 곳의 나무와 식물을 키 작은 용각류 공룡들이 먹을 수 있도록 남겨 두었을 거예요.

모든 용각류 공룡은
초식동물로, 살아남기 위해
끊임없이 식물을 먹었어요.

아파토사우루스는
매일 400킬로그램에
달하는 식물을 먹었어요.
놀라지 마세요!
이는 샌드위치 1600개와
같은 무게랍니다!

용각류 공룡들은 식물을 씹어 먹지 않았어요. 그냥 꿀꺽 삼켰지요. 어떤 용각류 공룡들은 돌멩이를 먹어서 식물을 소화시켰어요. 위에서 위석이 발견되어 알아낼 수 있었던 사실이지요.

용각류 공룡의
가장 큰 특징은 무엇보다
거대한 몸집이에요.

그 거대한 몸에 혈액 순환이
잘되게 하려면 아주 큰
심장이 필요했겠지요! 용각류
공룡의 심장 크기는 커다란
쓰레기통과 비슷했어요. 무게는
200킬로그램이나 나갔지요.

미국 자연사박물관에
따르면, 가장 무거운
용각류 공룡은
아르젠티노사우루스입니다.
무게가 무려 83톤이나
되었지요.

브라키오사우루스의 몸길이는 최대 30미터였어요.

길고 튼튼한 목이 있어서 머리를 높이 들 수 있었지요. 높이가 13미터나 되는 나무 꼭대기에 있는 잎도 먹을 수 있었대요.

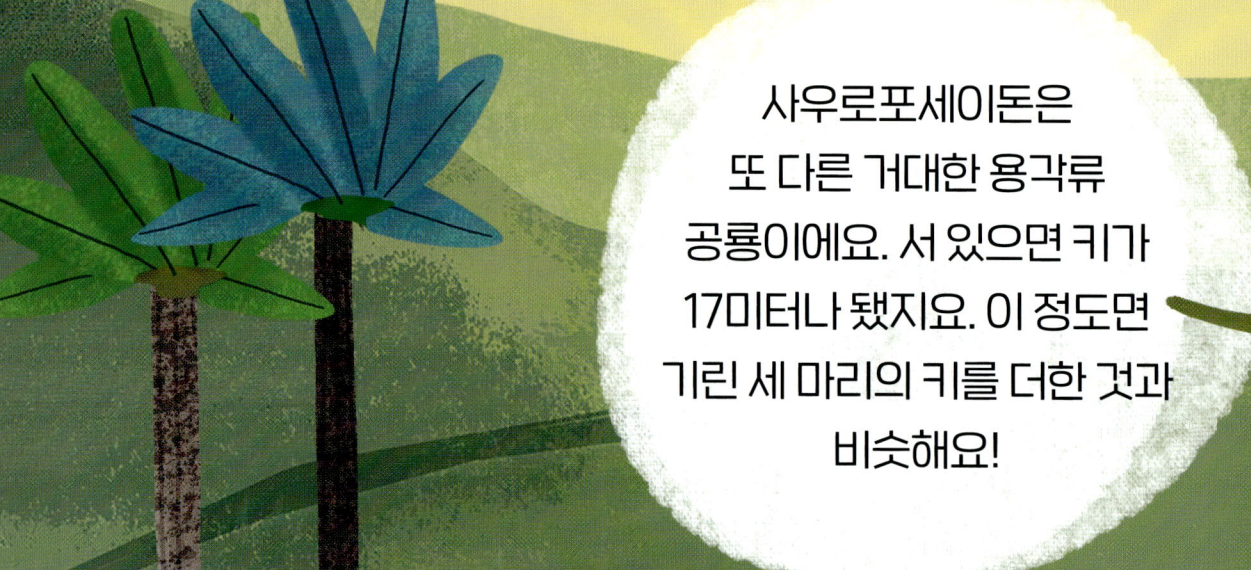

사우로포세이돈은 또 다른 거대한 용각류 공룡이에요. 서 있으면 키가 17미터나 됐지요. 이 정도면 기린 세 마리의 키를 더한 것과 비슷해요!

아파토사우루스는
다른 용각류 공룡에 비해
키가 그다지 크진 않았어요.
하지만 뒷다리로 벌떡 일어나
커다란 나무의 잎도
쉽게 먹을 수 있었답니다.

몸길이가 21미터, 몸무게는
24톤에 이르는 커다란 공룡이지만
아파토사우루스의 뇌는 아주 작았답니다.
이 공룡의 뇌 무게는 겨우 125그램이었어요.
사람 뇌의 10분의 1도
채 되지 않는 무게이지요.

어떤 용각류 공룡은 아파토사우루스나 다른 공룡들보다 작았어요.

7000만 년 전에 살았던
마기아로사우루스는
아주 작은 용각류 공룡이에요.
키가 사람과 비슷했고, 무게는
1톤 정도였답니다.

갓 태어난 아르젠티노사우루스의 새끼는 럭비공만 했어요. 다 자라면 길이가 30미터나 됐으니, 얼마나 빠르게 성장했는지 알 수 있지요!

마그나파울리아

용각류 공룡은 아니지만,
거대한 크기의
초식 공룡들도 있어요.

하드로사우루스류 공룡인
마그나파울리아는
길이 15미터, 무게 24톤까지
자랐어요.
티라노사우루스의
세 배 정도 되는 크기이지요.

사냥꾼과 사냥감

Hunters and Hunted

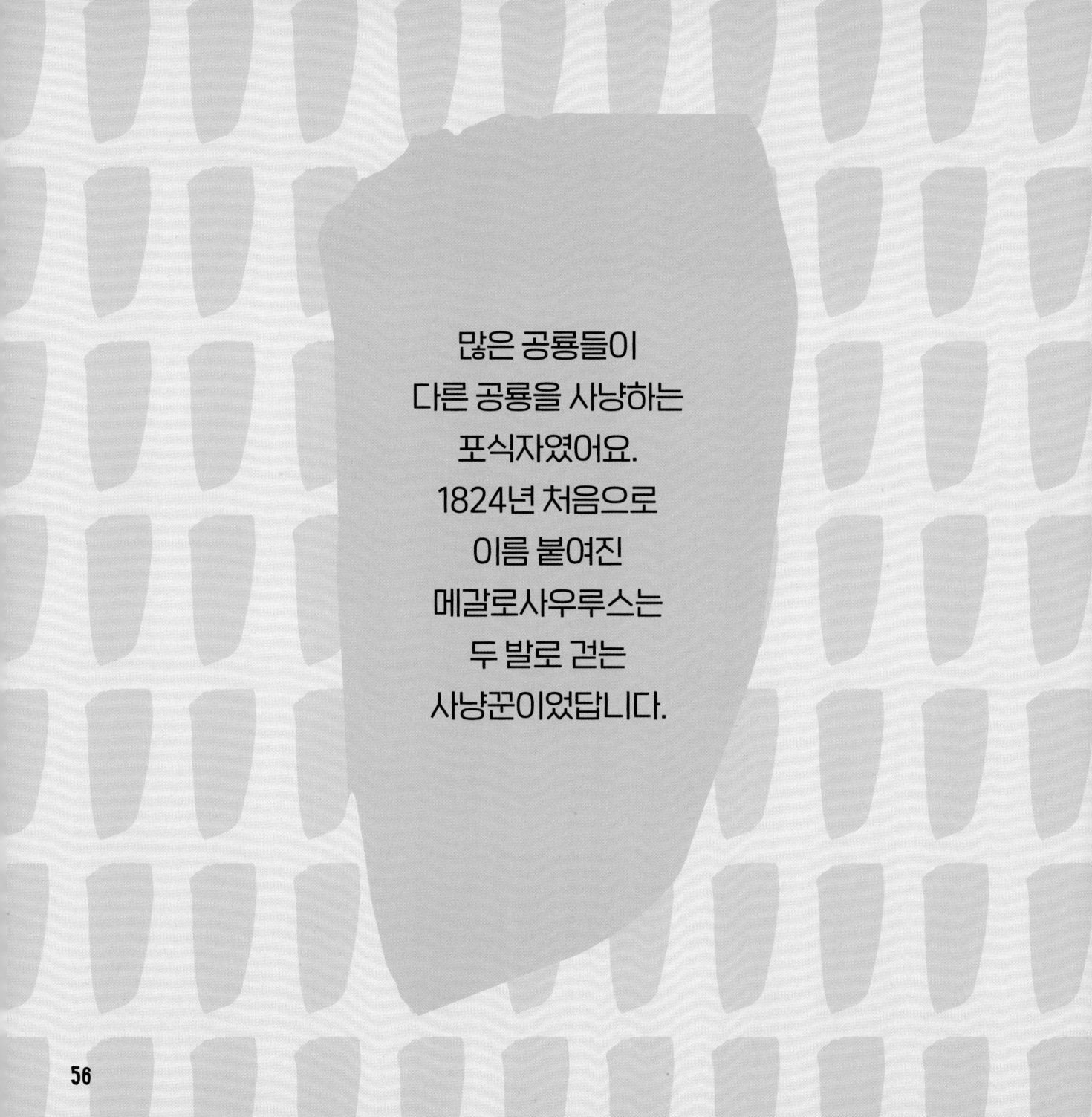

많은 공룡들이
다른 공룡을 사냥하는
포식자였어요.
1824년 처음으로
이름 붙여진
메갈로사우루스는
두 발로 걷는
사냥꾼이었답니다.

에오랍토르는
최초의 사냥하는 공룡들
중 하나였어요.
2억 2800만 년 전에 살았고,
두 발로 재빠르게 뛰어다녔지요.
다섯 손가락 중 세 개에는
아주 날카로운 손톱이
나 있었어요.

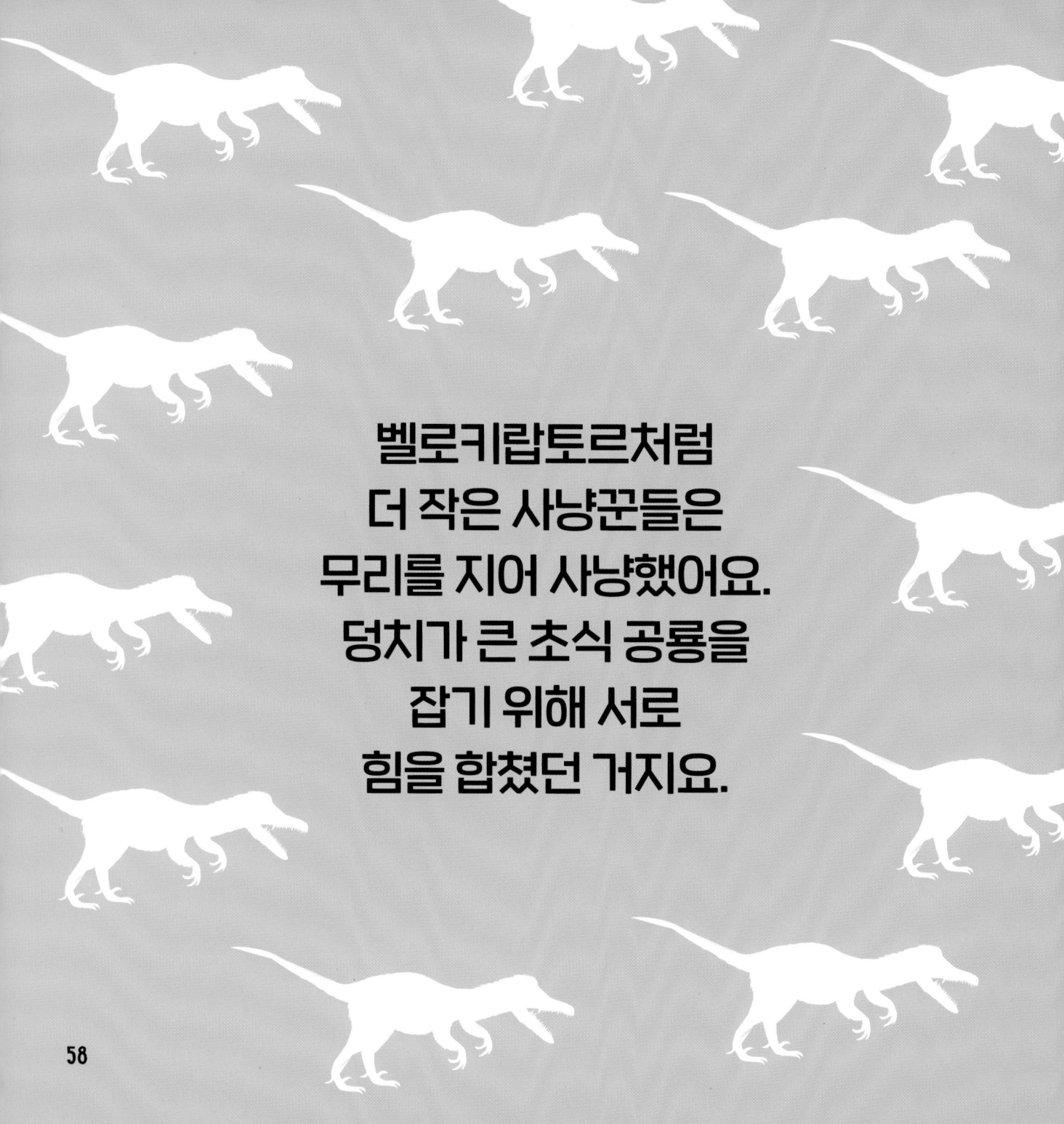

벨로키랍토르처럼
더 작은 사냥꾼들은
무리를 지어 사냥했어요.
덩치가 큰 초식 공룡을
잡기 위해 서로
힘을 합쳤던 거지요.

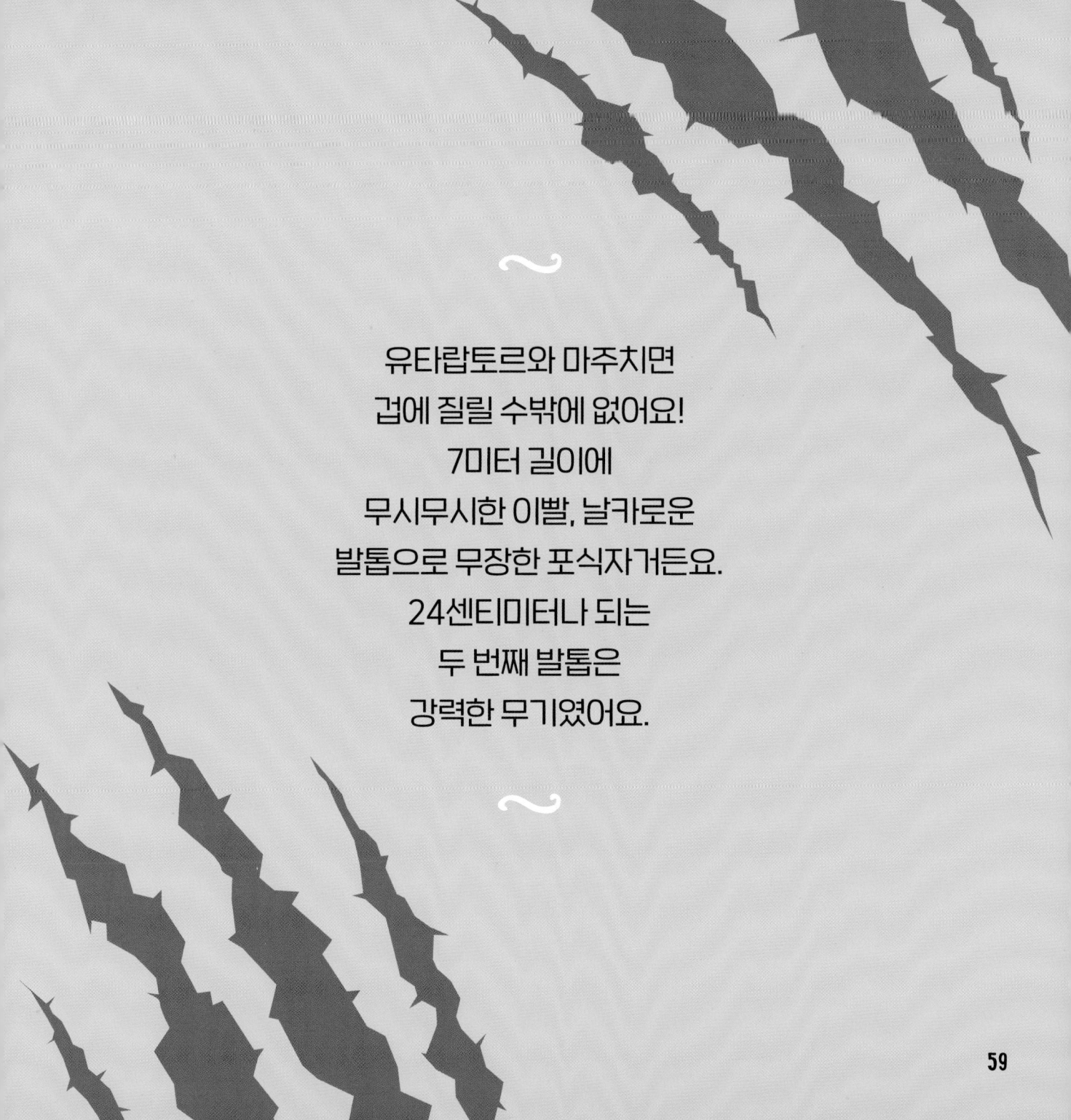

유타랍토르와 마주치면
겁에 질릴 수밖에 없어요!
7미터 길이에
무시무시한 이빨, 날카로운
발톱으로 무장한 포식자거든요.
24센티미터나 되는
두 번째 발톱은
강력한 무기였어요.

캐나다에서 발견된
헤스페로니쿠스는
사냥했던 육식 공룡 중
가장 작은 공룡이에요.
작은 닭과 크기가 비슷했어요.

중국에서 발견된
안키오르니스는
더 작은 공룡이에요.
주로 도마뱀이나 곤충을
먹고 살았던 이 공룡은
네 개의 날개가 있고,
앞발에는 가늘고
날카로운 발톱이 나 있었어요.
40센티미터밖에
되지 않는 길이에 몸무게는
겨우 콜라 캔 정도였어요.

가장 유명한 사냥꾼은 말할 것도 없지요! 바로
티라노사우루스
예요!

티라노사우루스라는 이름은 '폭군 도마뱀'이라는 뜻이에요. 이 무시무시한 최상위 포식자는 12미터까지 자랐고, 눈 크기가 테니스공만 했어요. 먹잇감을 아주 잘 찾을 수 있었겠지요!

몸집에 비해
팔은 턱없이
짧아서 길이가
겨우 1미터
정도였어요.
입에 닿지도
않았지요.

팔은
짧았지만
강력한 손톱이
있어서 먹잇감을
찌를 수 있었지요.

영국 자연사박물관에
따르면,
티라노사우루스의
몸무게는 7톤에
이르렀다고 해요.
불곰 스무 마리의 몸무게를
합한 것과 비슷한
무게이지요.

티라노사우루스의 커다란 턱은

길이가 120센티미터나 됐어요. 강력하고 튼튼한 근육 덕분에 입을 아주 커다랗게 벌릴 수 있었지요. 사자보다 무는 힘이 세 배나 강해서 먹잇감의 뼈를 단번에 부숴 버릴 수 있었답니다!

티라노사우루스의 입안에는 60개나 되는 무시무시한 이빨이 있었어요. 뒤쪽에는 먹잇감의 뼈를 으스러트리는 강력한 이빨이 있었고, 옆으로 톱니처럼 촘촘하게 날카로운 이빨이 있었지요. 그중 어떤 것은 길이가 20센티미터나 됐어요.

티라노사우루스보다
큰 사냥꾼은 거의 없는데,
그중 하나가 바로
스피노사우루스예요.
몸길이는 트레일러 트럭보다
긴 16미터, 몸무게는
8톤이었답니다.

스피노사우루스는 등에 나 있는 돛처럼 생긴 척추 돌기 때문에 '가시 도마뱀'이란 뜻을 가진 이름이 붙여졌어요. 가늘고 긴 주둥이를 보면 다른 커다란 공룡보다는 주로 물고기를 사냥해서 먹었다는 것을 알 수 있지요.

안킬로사우루스는 튼튼한 골판 갑옷과 단단한 꼬리 곤봉으로 포식자들의 공격을 막고 위협했어요. 갑옷으로 둘러싸이지 않은 부분은 배뿐이었지요. 갑옷에는 뾰족한 가시 돌기도 나 있었답니다. 몸무게는 4~6톤으로, 티라노사우루스와 맞설 만큼 강한 방어 능력을 가지고 있었어요.

스피노사우루스는 등에 나 있는 돛처럼 생긴 척추 돌기 때문에 '가시 도마뱀'이란 뜻을 가진 이름이 붙여졌어요. 가늘고 긴 주둥이를 보면 다른 커다란 공룡보다는 주로 물고기를 사냥해서 먹었다는 것을 알 수 있지요.

어떤 초식 공룡들은
뼈로 만들어진 골판으로 덮여

갑옷으로 무장한

것 같은 모습이었어요.
포식자에게서 몸을 보호하기에
훌륭한 형태였지요.

안킬로사우루스

안킬로사우루스는 근육질 꼬리 끝에 뼈로 이루어진 무겁고 튼튼한 곤봉을 가지고 있었어요. 이 곤봉에 맞은 공룡은 뼈가 부러지거나 심한 부상을 입었지요.

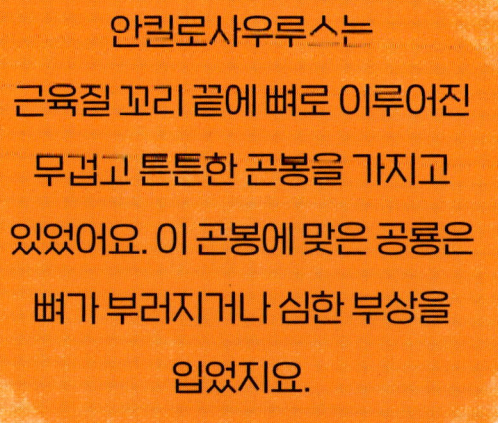

유오플로케팔루스는 눈꺼풀까지 갑옷으로 무장한 공룡이에요.

안킬로사우루스는 튼튼한 골판 갑옷과 단단한 꼬리 곤봉으로 포식자들의 공격을 막고 위협했어요. 갑옷으로 둘러싸이지 않은 부분은 배뿐이었지요. 갑옷에는 뾰족한 가시 돌기도 나 있었답니다. 몸무게는 4~6톤으로, 티라노사우루스와 맞설 만큼 강한 방어 능력을 가지고 있었어요.

센트로사우루스나 스티라코사우루스 같은 각룡류 공룡은 머리에 뼈로 이루어진 큰 프릴이 달려 있었어요. 프릴은 포식자들의 공격으로부터 목과 얼굴을 보호해 주는 역할을 했어요.

트리케라톱스는 머리를 보호해 주는 2미터 길이의 거대한 프릴과 세 개의 뾰족한 뿔이 있었어요. 눈 위의 두 뿔은 각각 1미터까지 자랐어요.

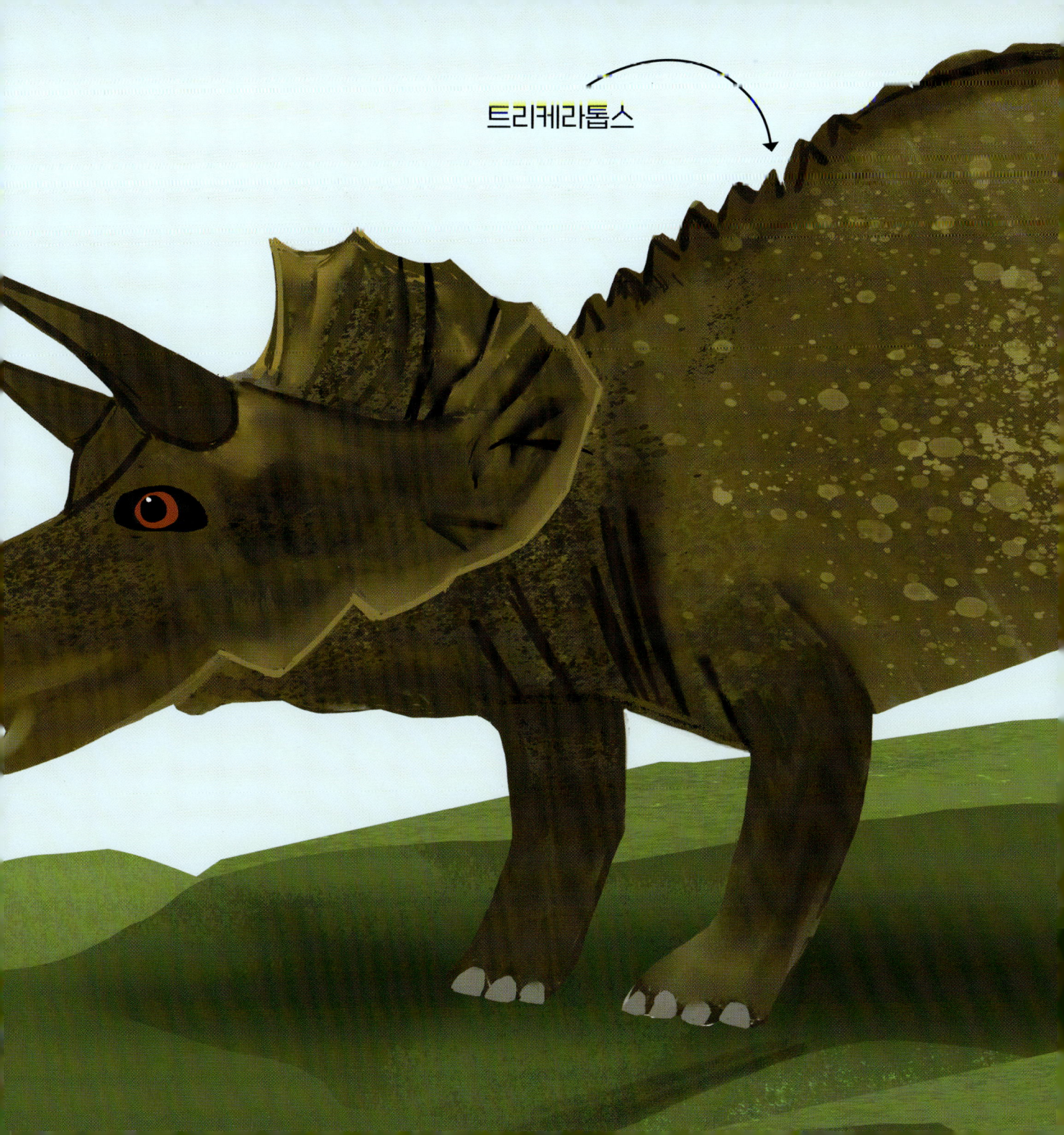

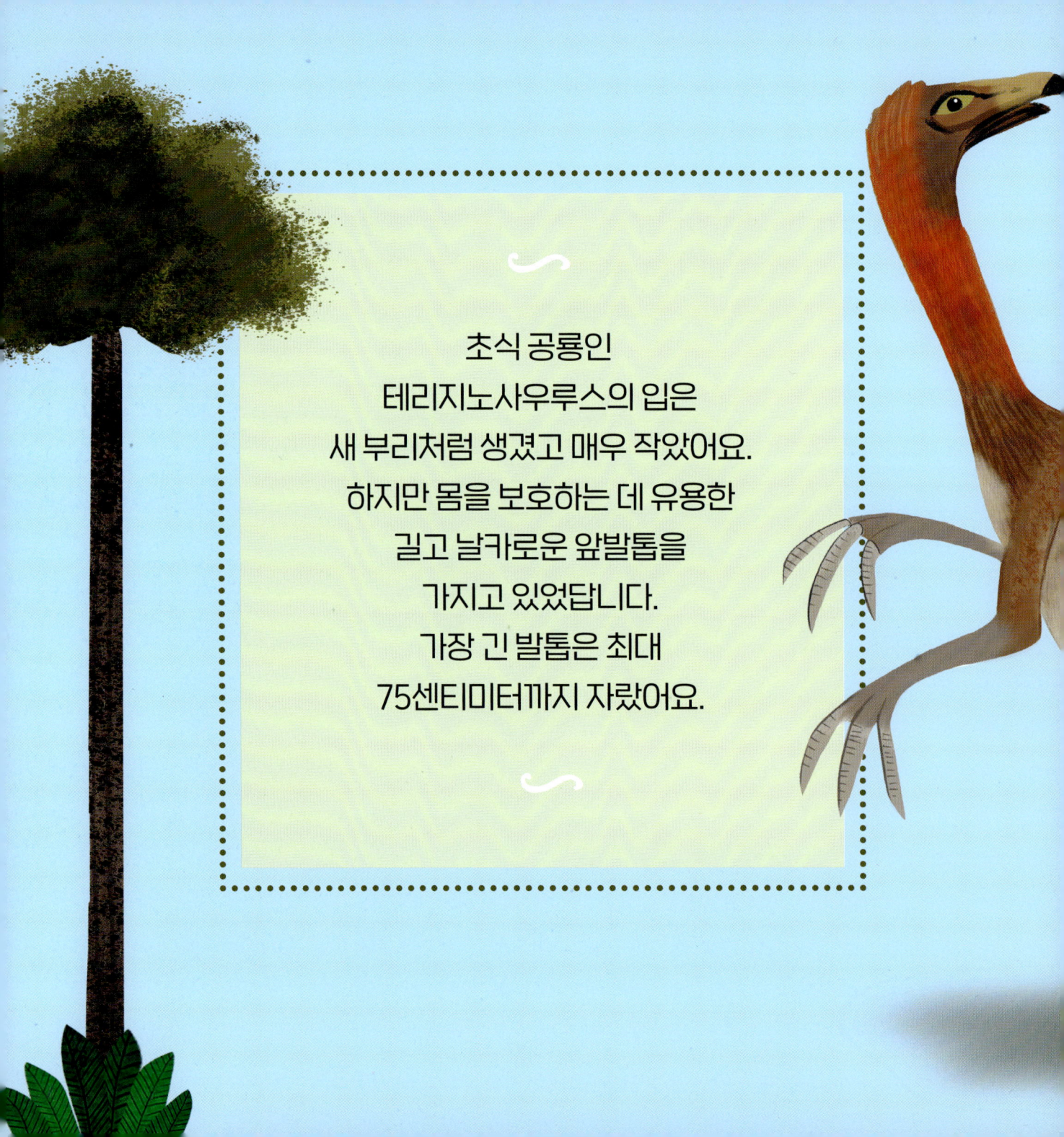

초식 공룡인
테리지노사우루스의 입은
새 부리처럼 생겼고 매우 작았어요.
하지만 몸을 보호하는 데 유용한
길고 날카로운 앞발톱을
가지고 있었답니다.
가장 긴 발톱은 최대
75센티미터까지 자랐어요.

바야다사우루스의 긴 목에는
머리카락처럼 보이는 커다랗고 날카로운
가시가 두 줄로 튀어나와 있었어요.
가시의 길이는 거의 60센티미터나
됐지요. 이 공룡은 포식자들의
공격으로부터 자신을 보호하기 위해
이 가시를 이용했을지도 몰라요.

이런 보호 장비가 없는 다른 공룡들은
무리를 지어 다니거나,
재빠르게 도망쳤을 거예요.

스트루티오미무스는
가장 빠른 공룡들 중 하나예요.
아주 거대한 타조처럼 생긴 이 공룡은
길이가 430센티미터나 됐답니다. 전문가들은
스트루티오미무스가 최대 시속 60킬로미터로
달렸을 거라고 추측합니다.

있는 힘껏 달리면
스트루티오미무스는 포식자에게 잡히지 않고
거뜬히 도망칠 수 있었을 거예요. 보폭이 130센티미터나
되었으니, 한 번에 양 한 마리를 충분히
뛰어넘을 수 있을 정도였거든요!

용각류 공룡은 덩치가 너무 커서 잡아먹히는 일이 흔하지 않았어요. 그러나 모든 초식 공룡이 다 거대했던 건 아니에요.

프루이타덴스는

길이가 겨우 70센티미터 정도로 고양이만 했지요. 부리와 이빨은 작은 열매나 잎을 씹어 먹기에 적당한 정도였고요.

니게르사우루스는
넓고 납작한 머리에 우체통처럼
생긴 입을 가진 용각류 공룡이에요.
500개가 넘는 이빨 덕분에
식물을 먹기 좋았지요.

에드몬토사우루스는
니게르사우루스보다 많은
이빨을 가진 또 다른 초식 공룡이에요.
에드몬토사우루스는 이빨이
무려 1000개나 됐답니다.
낡은 이빨이 빠지면 새로운
이빨이 나서 그 자리를
채웠지요.

공룡들은 대부분 커다란 몸집에 비해
매우 작은 뇌를 가지고 있었어요.
그런데 길이 250센티미터로
비교적 작은 덩치를 가졌지만
다른 공룡에 비해 상당히 큰 뇌를
가진 공룡이 있었답니다.
오렌지만 한 뇌를 가진 그 공룡은
바로 트루돈이에요.

트로돈은 몸집에 비해 기다란 눈을 가지고 있었어요. 지름이 4센티미터가 넘는 부리부리한 눈으로 도마뱀이나 작은 포유류를 쉽게 찾아 잡아먹을 수 있었지요. 눈이 앞쪽을 향해 있었기 때문에 정확하게 사냥할 수 있었답니다.

또다른 선사시대 동물들

Other Prehistoric Creatures

공룡은 육지에 사는
파충류 동물이에요. 그들은
육지에 있는 다른 특이한 생물들과 함께
살았답니다. 또 다른 많은 선사시대 생물들이
바다에서 살거나 하늘을 날아다녔지요.

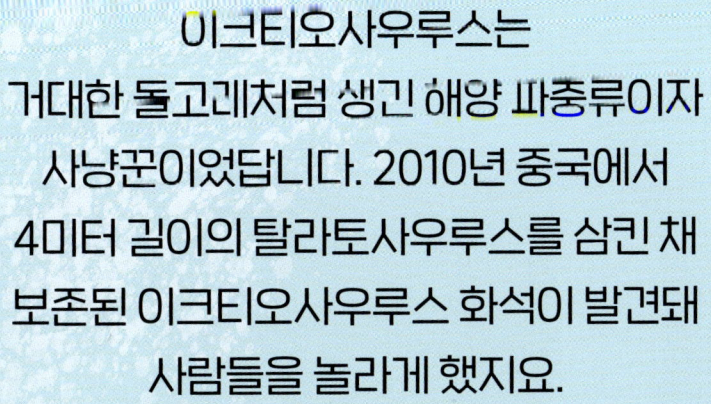

이크티오사우루스는
거대한 돌고래처럼 생긴 해양 파충류이자
사냥꾼이었답니다. 2010년 중국에서
4미터 길이의 탈라토사우루스를 삼킨 채
보존된 이크티오사우루스 화석이 발견돼
사람들을 놀라게 했지요.

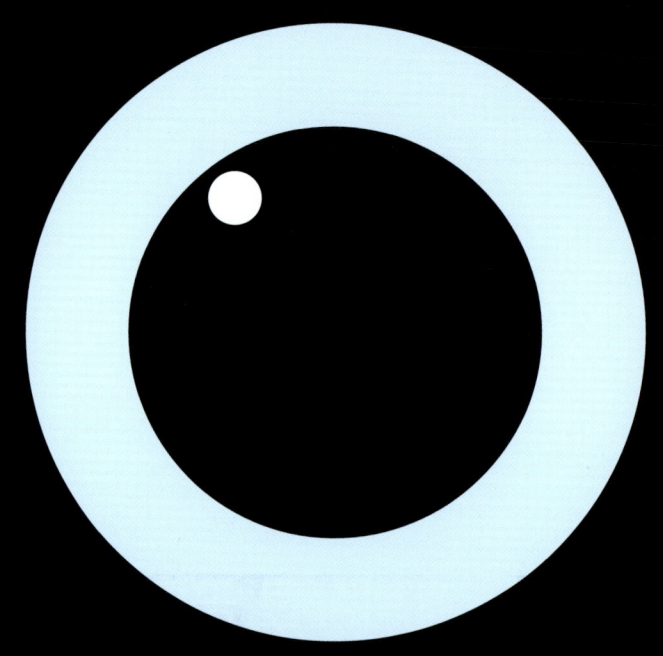

오프탈모사우루스는
지름이 23센티미터나 되는
접시만 한 눈을 가진 거대한 어룡이에요.
커다란 눈은 사냥감을 찾거나
어두운 바닷속을 헤엄치는데
도움이 되었지요.

사스타사우루스는
어룡류 중에 가장 큰 공룡이에요.
길이는 무려 21미터로, 학교 버스의
두 배 정도 되는 크기였지요.

리오플레우로돈은
주둥이가 이빨로 가득 차 있었어요.
이빨 중 몇몇 개는 5센티미터가
넘을 정도로 길었지요.
리오플레우로돈은 이 이빨들로
커다란 물고기나 오징어 등
다양한 해양 생물을
잡아먹었을 거예요.

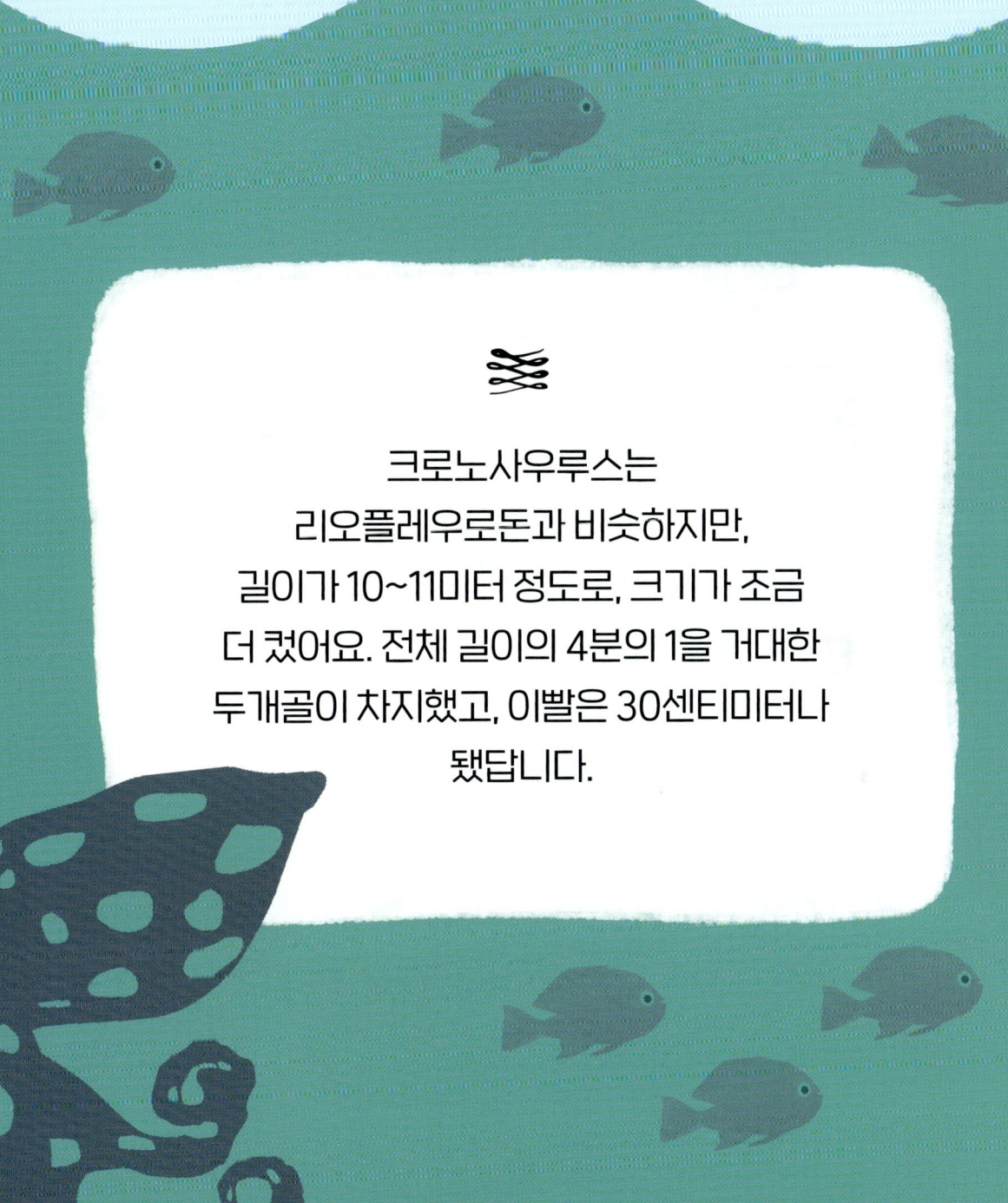

크로노사우루스는
리오플레우로돈과 비슷하지만,
길이가 10~11미터 정도로, 크기가 조금
더 컸어요. 전체 길이의 4분의 1을 거대한
두개골이 차지했고, 이빨은 30센티미터나
됐답니다.

엘라스모사우루스는
620센티미터나 되는 긴 목을 가지고
있었어요. 기린의 키보다
더 길었던 거지요. 사람보다 열 배나
많은 70개의 목뼈가 긴 목을
지탱해 주었어요.

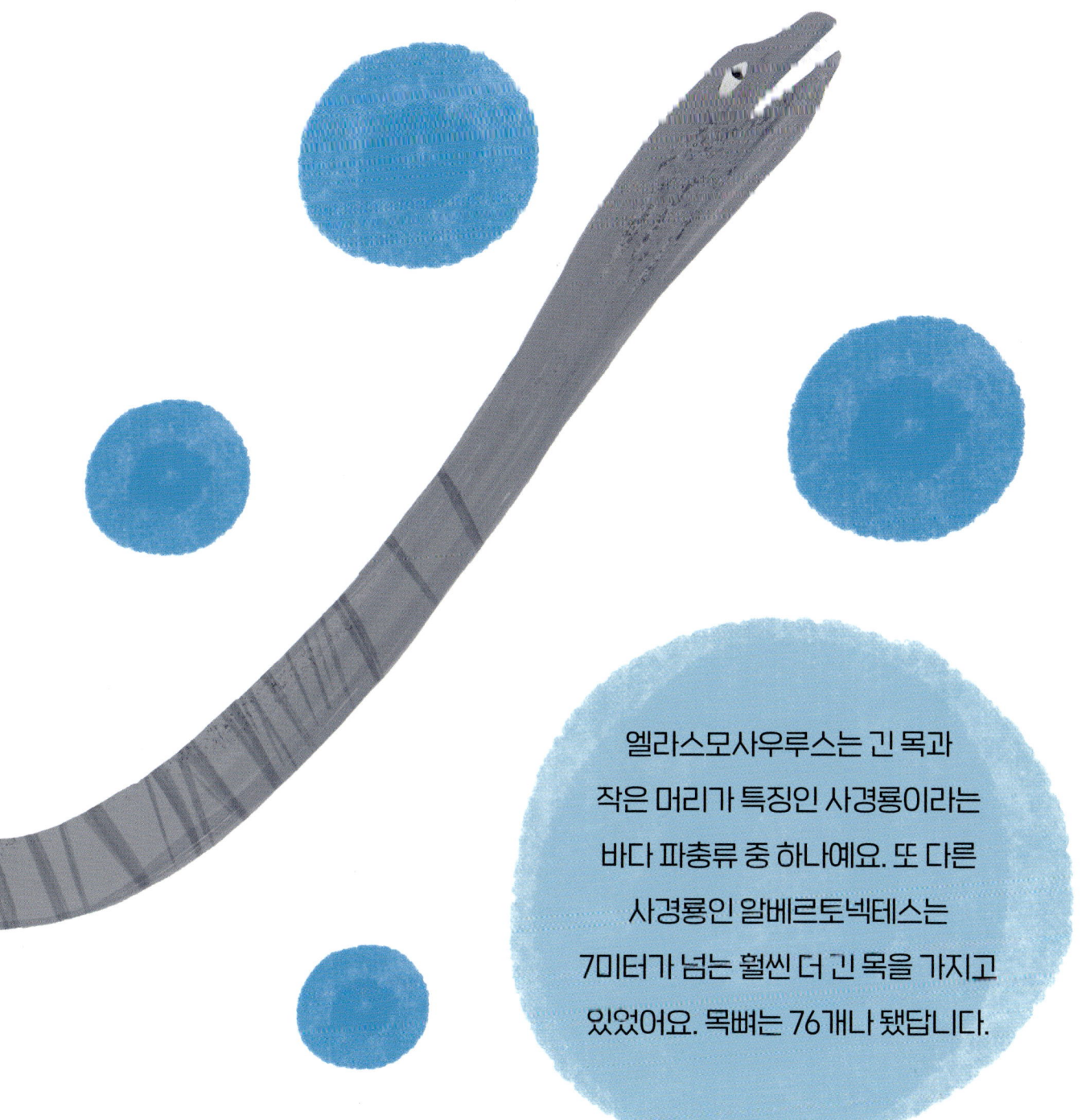

엘라스모사우루스는 긴 목과 작은 머리가 특징인 사경룡이라는 바다 파충류 중 하나예요. 또 다른 사경룡인 알베르토넥테스는 7미터가 넘는 훨씬 더 긴 목을 가지고 있었어요. 목뼈는 76개나 됐답니다.

익룡은
하늘을 날아다니는 파충류로,
곤충 다음으로 등장한
최초의 나는 동물이에요.

익룡은 130개가 넘는 종이
알려져 있어요. 아직도 화석을 통해
새로운 종류가 발견되고 있지요. 2019년
캐나다에서 거대한 익룡이 발견되었는데,
차가운 용이라는 뜻의 크리오드라콘이라는
이름이 붙여졌답니다.

디모르포돈은
최초의 나는 파충류 중 하나예요.
과학자들은 디모르포돈이
2억 년 전부터 살았을 것으로
생각하고 있어요.
날개를 모두 펼친 길이는
150센티미터 정도였지요.

두꺼운 날개를 펄럭이며 날던
디모르포돈은
뻣뻣한 꼬리로 균형을
잡았을 거예요.

익룡은 대부분
날개 앞쪽에
발톱이 달린 앞발이
있었어요.

가장 큰 익룡은
케찰코아틀루스예요.
날개를 펼쳤을 때 한쪽 끝에서
다른 쪽 끝까지 길이가
11미터나 됐답니다.

땅에 내려와
서 있을 때도
기린보다
키가 컸어요.

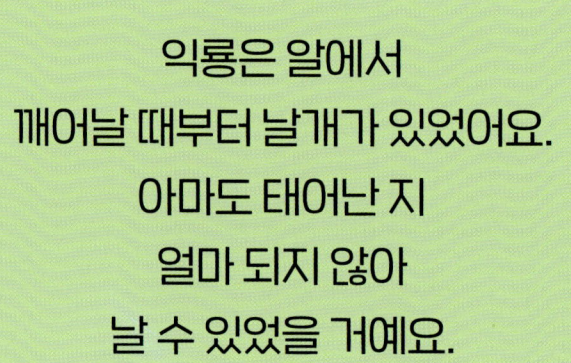

익룡은 알에서
깨어날 때부터 날개가 있었어요.
아마도 태어난 지
얼마 되지 않아
날 수 있었을 거예요.

네미콜로프테루스

가장 작은 익룡 중 하나로
네미콜로프테루스가 있어요.
날개를 모두 펼쳐도 길이가
20~25센티미터밖에
되지 않았답니다.

프테라노돈도
나는 파충류 중 하나였어요.
어떤 것은 날개를 펼친 길이가
7미터나 되었지요. 날개가 너무 커서
오랜 시간 펄럭이며 날기 힘들었을 거예요.
그래서 프테라노돈은 활공했을 거라고
추측됩니다.

다른 선사시대 동물들과 달리 프테라노돈은 이빨이 없었어요. 대신 길고 가느다란 부리로 수면 가까이에서 헤엄치는 물고기를 낚아채듯 물어 통째로 삼켰지요.

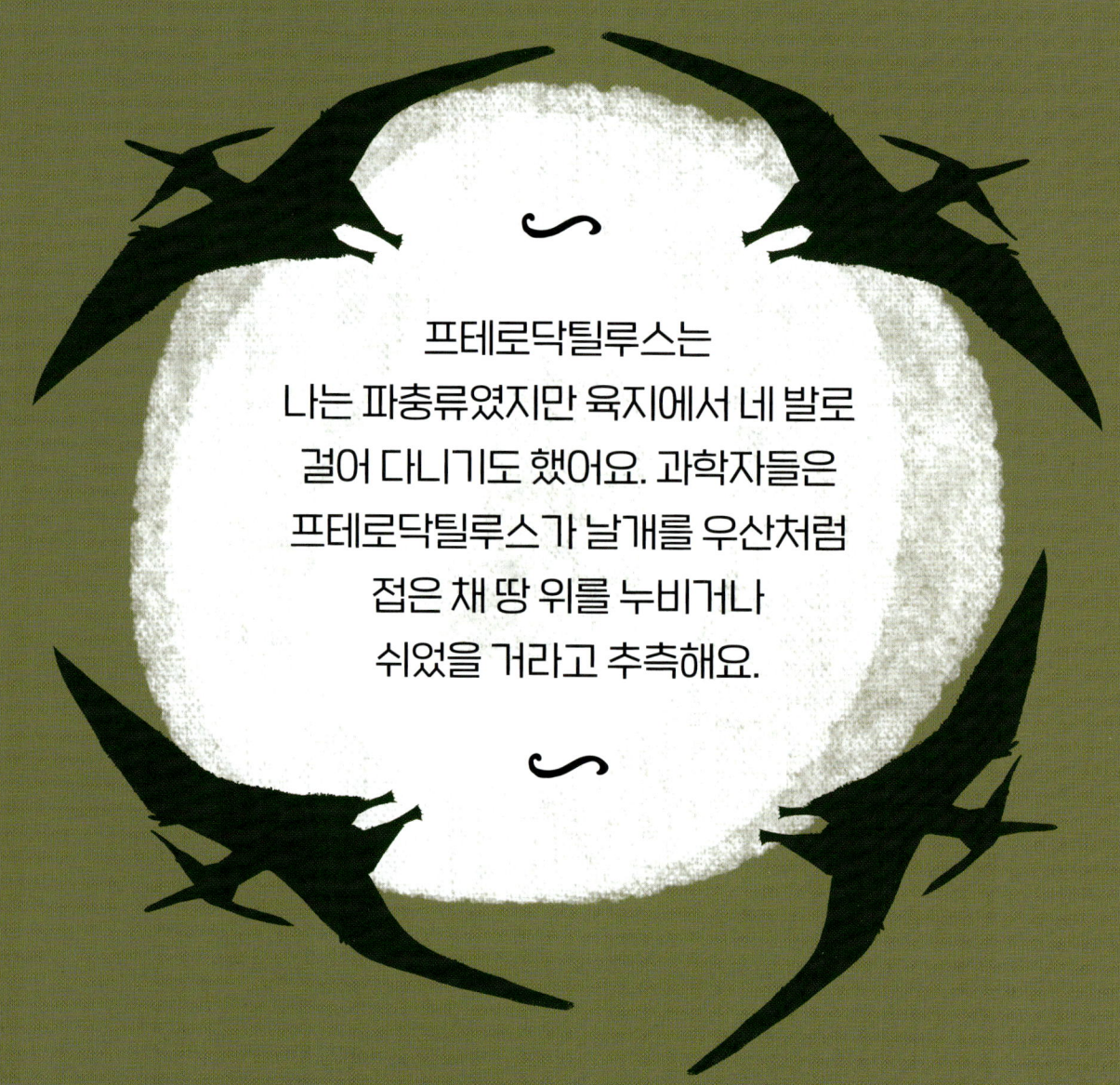

프테로닥틸루스는
나는 파충류였지만 육지에서 네 발로
걸어 다니기도 했어요. 과학자들은
프테로닥틸루스가 날개를 우산처럼
접은 채 땅 위를 누비거나
쉬었을 거라고 추측해요.

프테로닥틸루스의
긴 부리 안에는
날카로운 원뿔 모양 이빨이
90개나 있었어요.
크테노카스마처럼
400개가 넘는 이빨을 가진
익룡도 있었어요.

익룡과 공룡은
다른 동물들과 함께 살았어요.
거대한 게처럼 생긴 메가잔토는
딱딱한 껍데기를
부숴버릴 수 있는 거대한
오른쪽 집게와 움직이는 손가락을
가지고 있었어요.

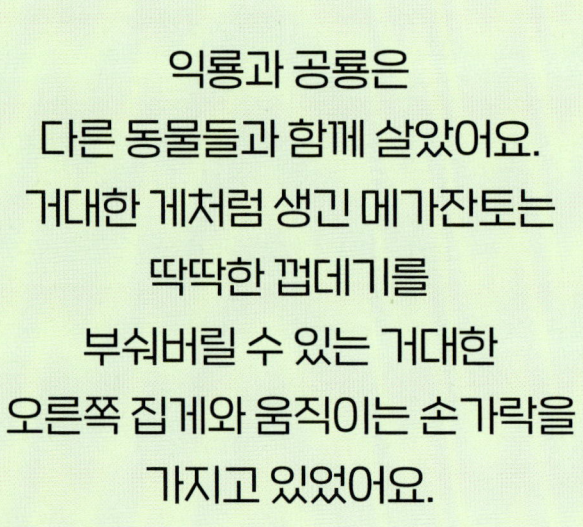

지금까지 알려진 가장 큰 뱀은 공룡이 사라지고 난 뒤 남아메리카에서 살았던 티타노보아예요. 티타노보아는 1280센티미터까지 자랐고, 무게가 110킬로그램이나 나갔어요.

벨제부포는
거대한 선사시대 개구리로,
비치볼만 한 크기였어요.
무는 힘이 호랑이와 비슷해서
작은 새끼 공룡들을 잡아먹었을
거라고 해요.

뼈가 있는 물고기(경골어류) 중에서 가장 큰 것은 1억 6500만 년 전에 살았던 리드시크티스예요. 이 물고기는 가장 작은 것도 165센티미터 정도까지 자랐어요. 몸무게는 45톤이나 나갔지요. 이는 아프리카코끼리 여덟 마리를 합친 것과 비슷한 정도예요.

공룡에 대해 어떻게 알아낼까요?

How We Know About Dinosaurs

지구에 살았던 생물의 뼈나
발자국 등이 땅속에 오래 묻혀 있다가
발견된 것을 화석이라고 해요.
대부분 암석에서 발견된답니다.
우리는 화석을 통해 선사시대
공룡들에 대해 알아낼 수 있어요.

고생물학은 선사시대의 삶을 연구하는 과학이에요. 몇몇 고생물학자들은 암석에 묻혀 있는 새로운 화석을 찾는 일을 하고, 또 다른 고생물학자들은 탐정이 되어 퍼즐처럼 화석을 맞추거나 컴퓨터와 현미경을 사용해 공룡이 어떻게 생겼고, 어떻게 살았는지에 대한 단서들을 찾는 일을 해요.

공룡 화석은
지구의 모든 대륙에서
발견되고 있어요. 심지어
남극 대륙에서도
발견되었지요.

크리올로포사우루스는
1억 9000만 년 전 남극 대륙에서
살았던 공룡이에요. 남극 대륙에서
최초로 발견된 두 발로 걸었던
육식 공룡 중 하나이지요.

그때의 남극 대륙은
지금보다 훨씬 따뜻했어요.
그리고 지금처럼 아주 남쪽 끝에
위치해 있지 않았답니다.

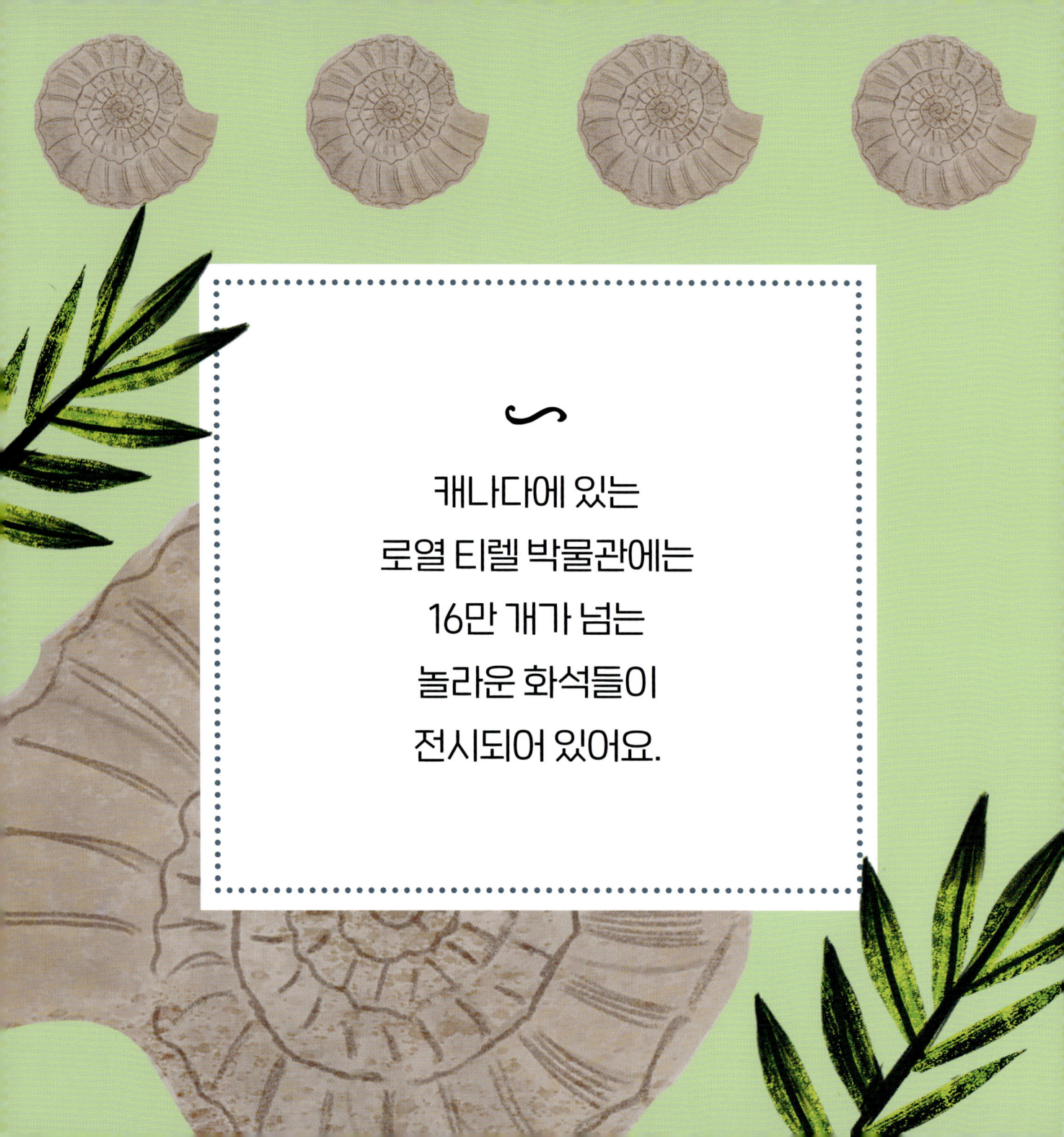

캐나다에 있는
로열 티렐 박물관에는
16만 개가 넘는
놀라운 화석들이
전시되어 있어요.

중국 산둥성
천우 자연박물관에는
수천 종의 공룡 화석이 수만 개나
보존되어 있어요.

중국의 쉬싱은
다른 어떤 고생물학자보다 많은
공룡 화석을 발견하고 이름을 붙였어요.
55개가 넘는 이름을 지었고,
지금도 여전히 공룡 화석을 발굴하고 있답니다.

쉬싱이 발견한
가장 놀라운 화석 중 하나는
시노사우롭테릭스로,
깃털과 솜털까지
발견되었답니다.

'뼈의 전쟁'은

1800년대 미국인 화석 사냥꾼인 오스니엘 마시 (스테고사우루스와 디플로도쿠스를 발견한 사람)와 에드워드 드링커 코프 (엘라스모사우루스와 코엘로피시스를 최초로 묘사한 사람) 사이의 치열한 경쟁을 일컫는 말이에요.

코프

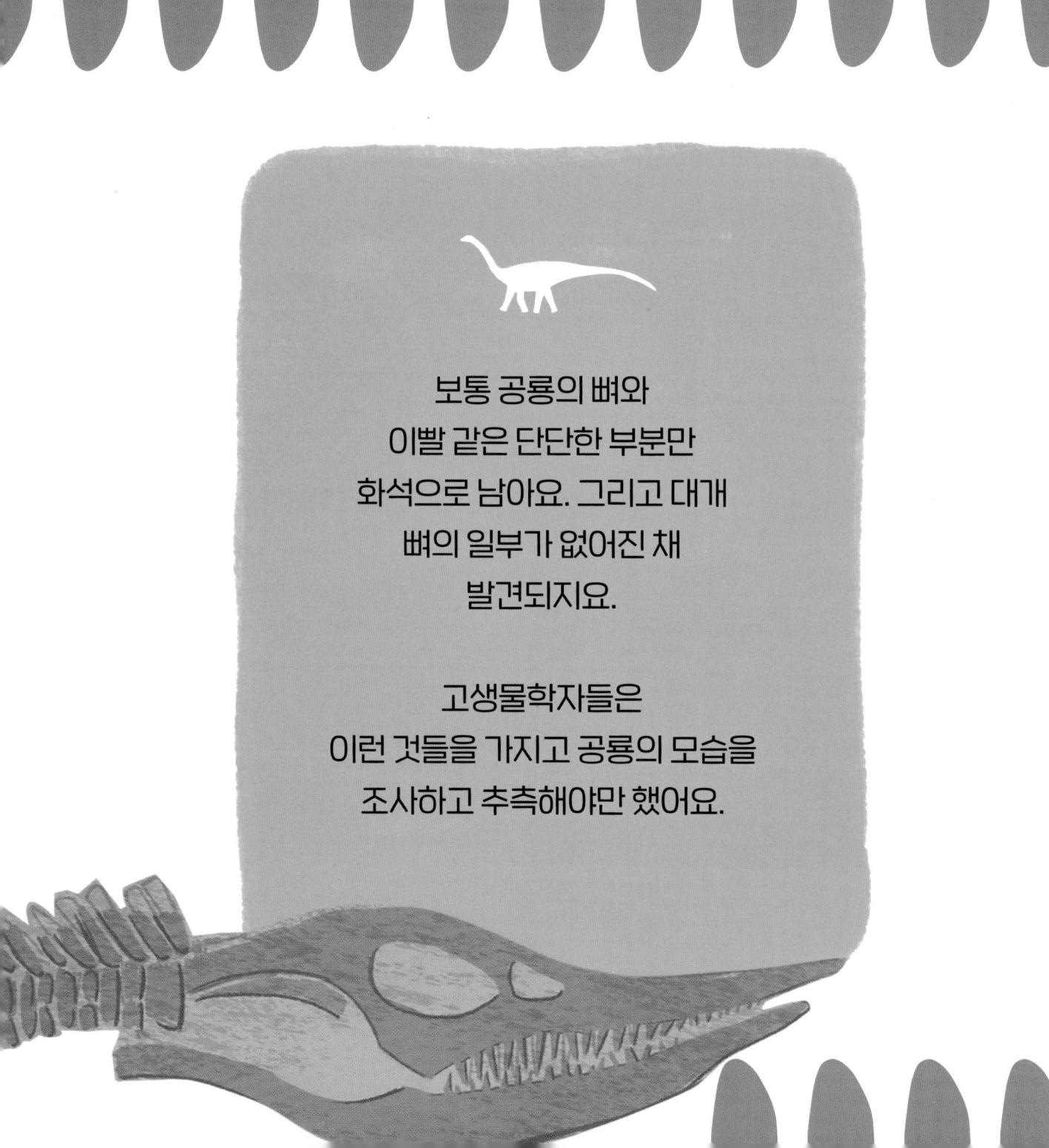

보통 공룡의 뼈와
이빨 같은 단단한 부분만
화석으로 남아요. 그리고 대개
뼈의 일부가 없어진 채
발견되지요.

고생물학자들은
이런 것들을 가지고 공룡의 모습을
조사하고 추측해야만 했어요.

그래서 때로는
오류가 생기기도 했어요.
1800년대 고생물학자들은
이구아노돈 화석을
처음 발견했을 당시, 뿔이 코에
달려 있었다고 생각했어요.
나중에야 다른 전문가들이
엄지손가락 끝에 뿔이
달려 있었다는 사실을
밝혔답니다.

1971년 몽골에서는
프로토케라톱스와 벨로키랍토르 화석이
함께 발견되었는데, 특이하게도 싸우던 중에
함께 묻힌 모습이었어요.

테레사 마리안스카를 포함한
폴란드의 화석 사냥꾼 집단이 발견한 화석은
지금까지 발견된 모든 화석 중
가장 놀라운 것으로 손꼽힌답니다.

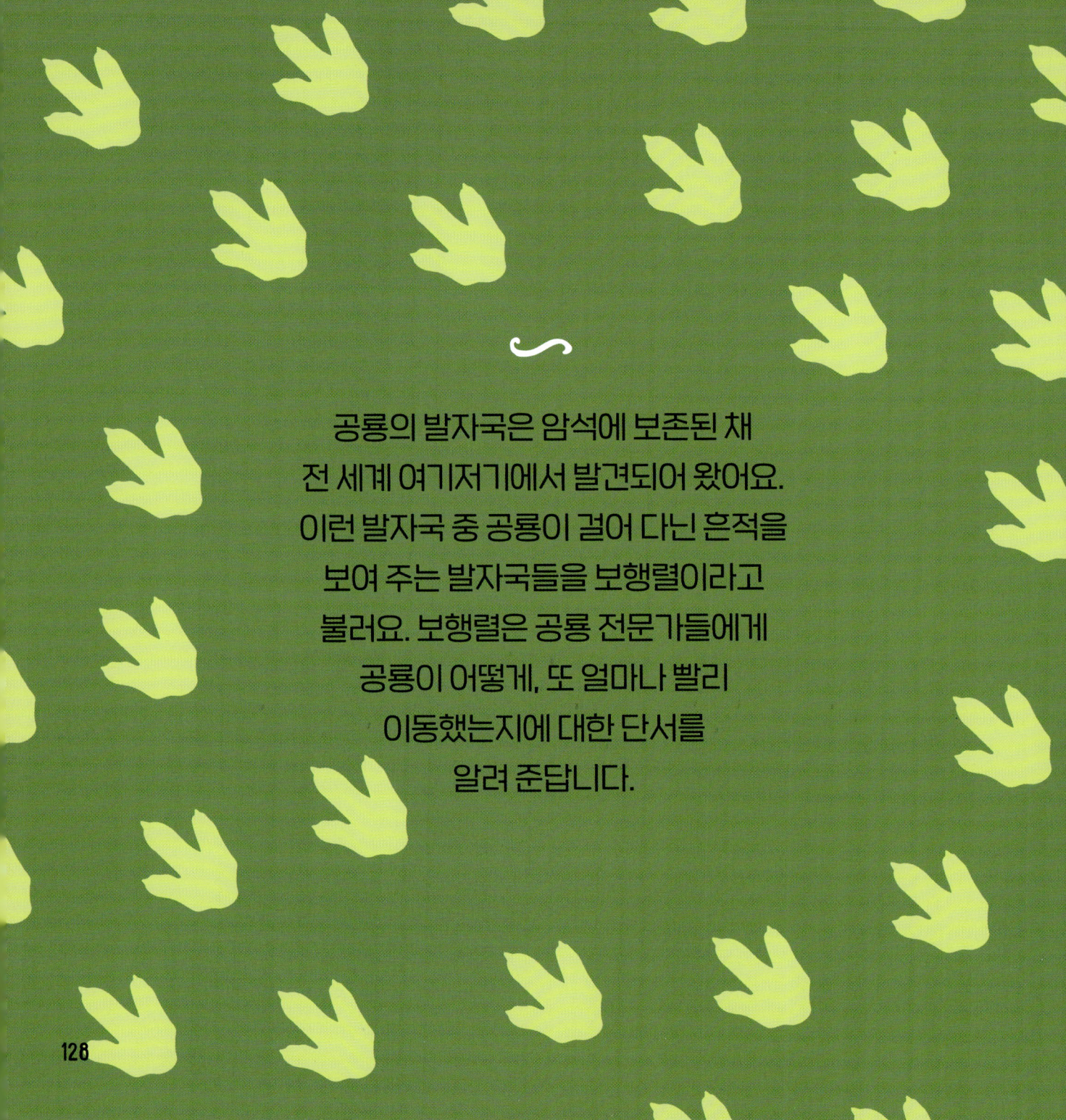

공룡의 발자국은 암석에 보존된 채
전 세계 여기저기에서 발견되어 왔어요.
이런 발자국 중 공룡이 걸어 다닌 흔적을
보여 주는 발자국들을 보행렬이라고
불러요. 보행렬은 공룡 전문가들에게
공룡이 어떻게, 또 얼마나 빨리
이동했는지에 대한 단서를
알려 준답니다.

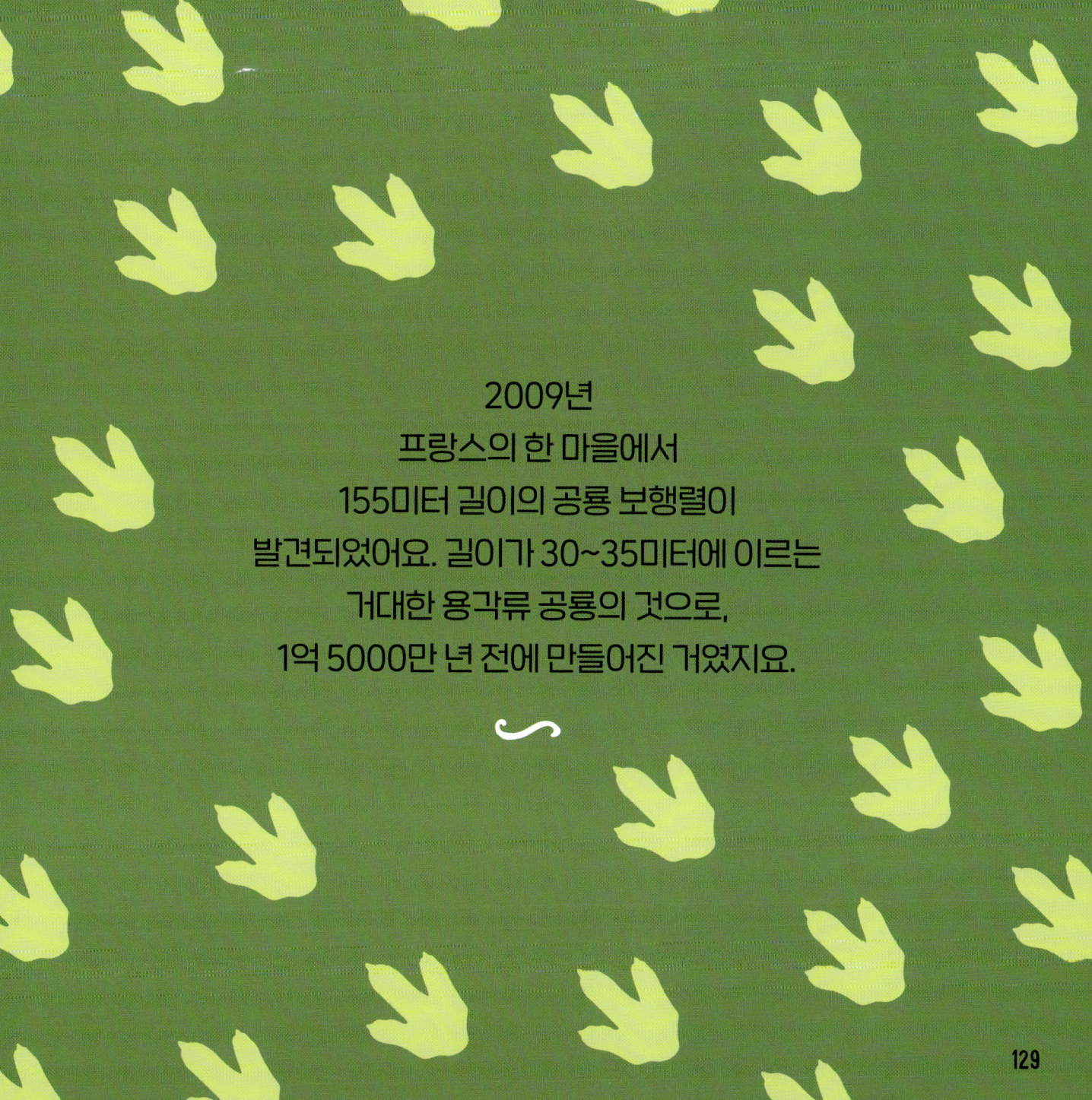

1811년, 열두 살이었던
메리 애닝은 남동생과 함께
영국 남부의 라임 레지스 절벽에서
최초로 완전한 어룡 화석을
발견했어요. 그 후 메리는 1823년에도
플레시오사우루스 화석을
최초로 발견했고,
5년 후에는 최초의 익룡을 포함한
더 많은 화석을 발견했어요.

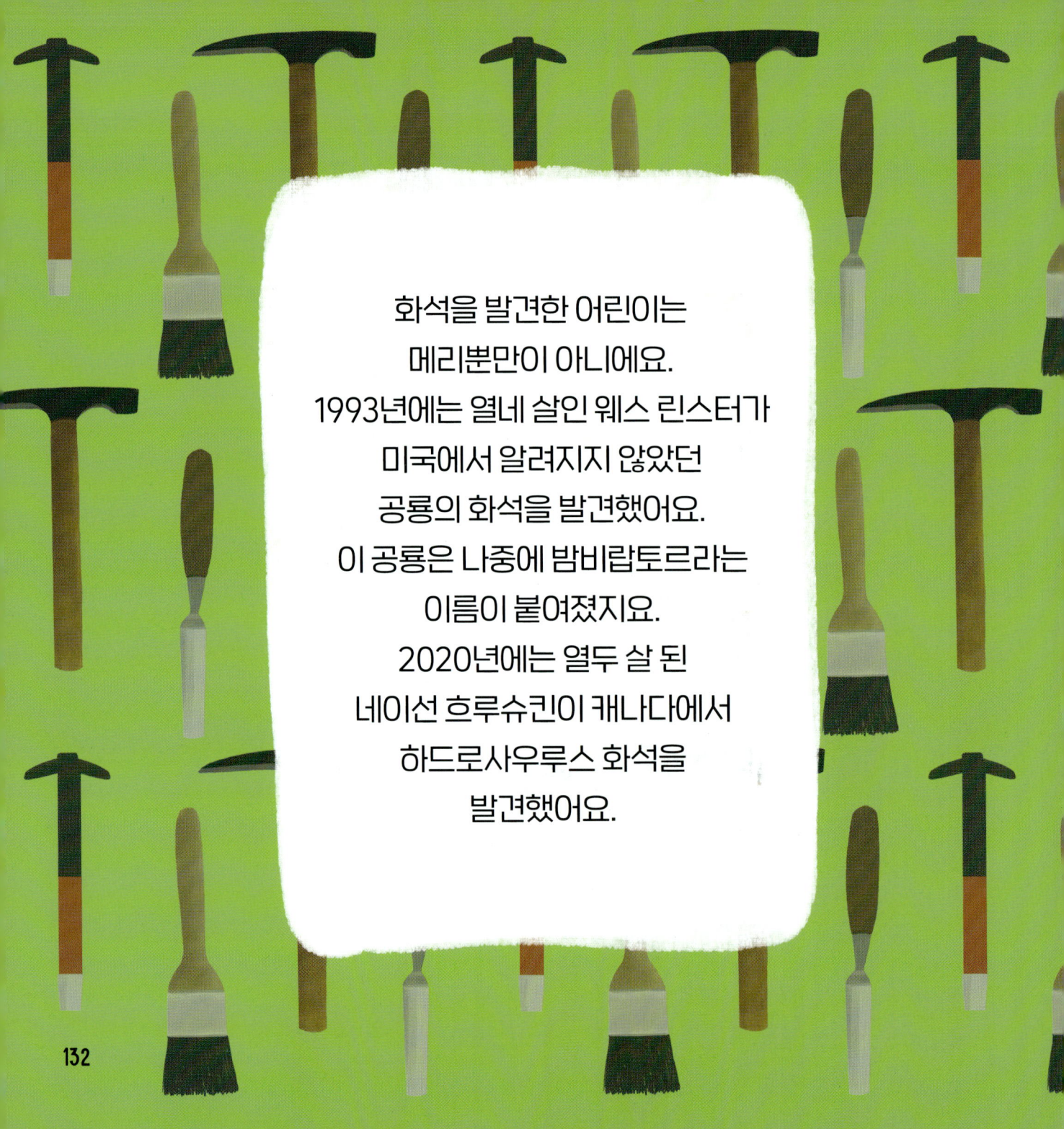

화석을 발견한 어린이는
메리뿐만이 아니에요.
1993년에는 열네 살인 웨스 린스터가
미국에서 알려지지 않았던
공룡의 화석을 발견했어요.
이 공룡은 나중에 밤비랍토르라는
이름이 붙여졌지요.
2020년에는 열두 살 된
네이선 흐루슈킨이 캐나다에서
하드로사우루스 화석을
발견했어요.

2008년 세 개의
디플로도쿠스 화석이 발견되었어요.
이 공룡 화석들에는
아폴로니아, 프린스, 그리고 트윙키라는
이름이 붙여졌어요.
무려 5800만 달러라는
어마어마한 금액에
싱가포르 박물관에 팔렸지요.

최초의
티라노사우루스 화석은
유명한 공룡 학자인
바넘 브라운에 의해 1902년
미국 몬태나 주 헬크리크에서
발견되었어요.

1983년에는
아마추어 화석 사냥꾼인 윌리엄 워커가
영국 서리 주의 진흙 구덩이에서
바리오닉스의 발톱을 최초로 발견했어요.
그는 계속해서 발굴했고, 덕분에
두 발로 걸었던 7미터가 넘는 포식자
바리오닉스의 무시무시한 모습을
알아낼 수 있었답니다.

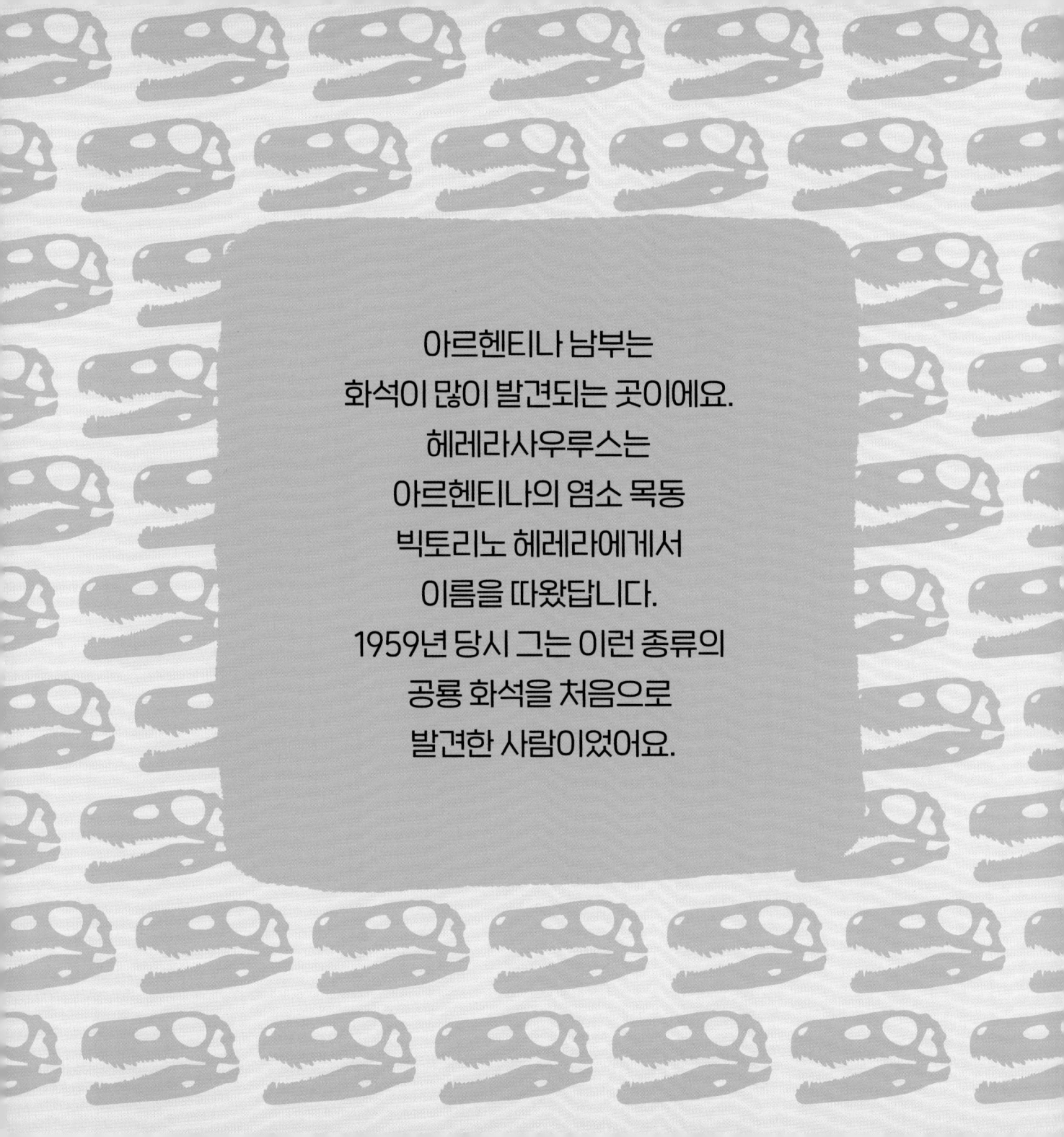

아르헨티나 남부는
화석이 많이 발견되는 곳이에요.
헤레라사우루스는
아르헨티나의 염소 목동
빅토리노 헤레라에게서
이름을 따왔답니다.
1959년 당시 그는 이런 종류의
공룡 화석을 처음으로
발견한 사람이었어요.

트루돈 화석은 추운 북극권에서 발견되었어요. 그래서 트루돈은 가장 북쪽에 살았던 공룡으로 알려져 있어요.

공룡의 똥이 화석화된 것을
'분석'이라고 해요. 분석을 통해
전문가들은 어떤 공룡이 무엇을
먹었는지 알아낼 수 있어요.

미국인 조지 프랜드센은
분석 수집가였어요. 무려 1277개의
공룡 분석을 수집해 기네스북에
오르기도 했답니다!

139

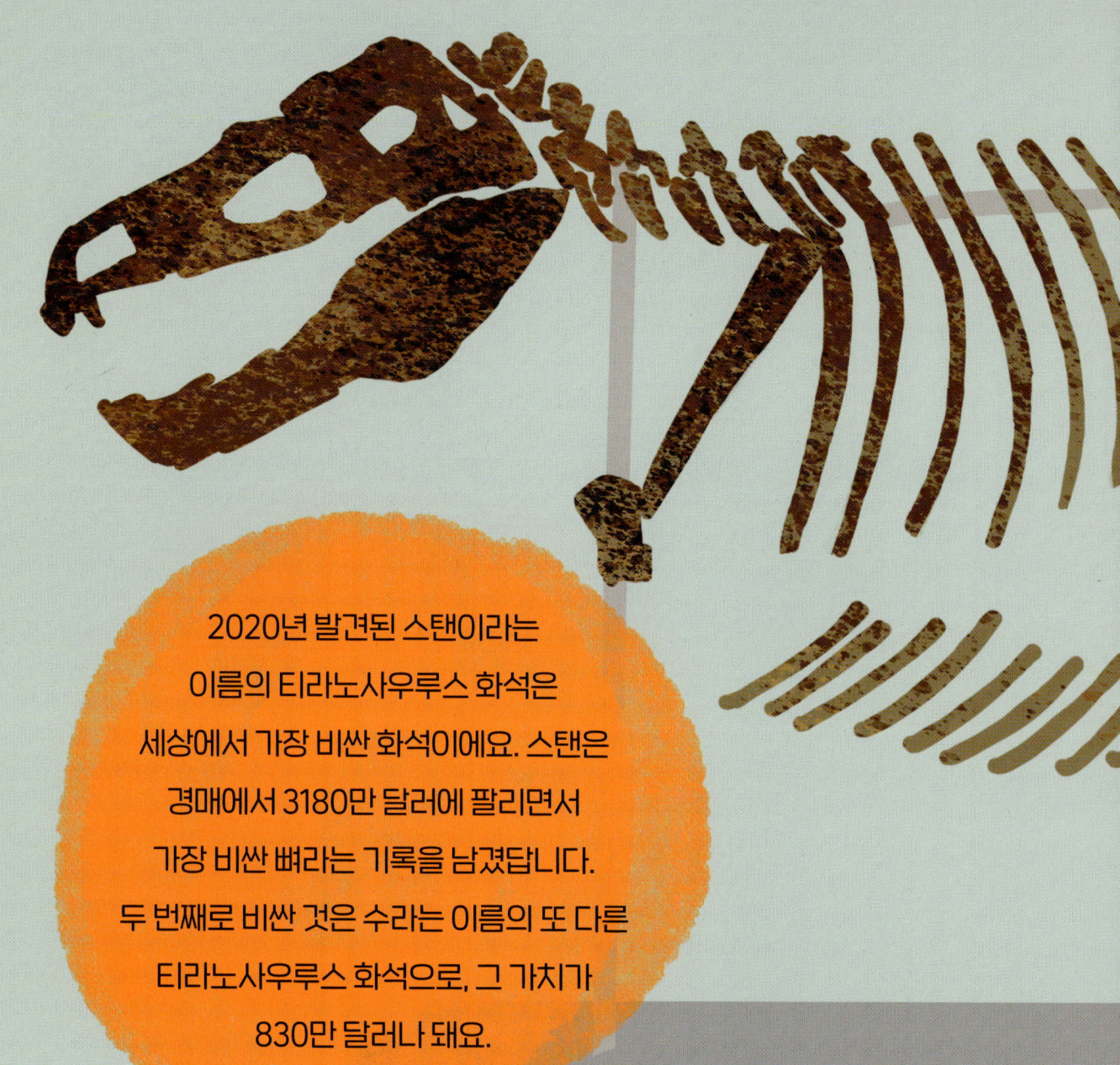

2020년 발견된 스탠이라는 이름의 티라노사우루스 화석은 세상에서 가장 비싼 화석이에요. 스탠은 경매에서 3180만 달러에 팔리면서 가장 비싼 뼈라는 기록을 남겼답니다. 두 번째로 비싼 것은 수라는 이름의 또 다른 티라노사우루스 화석으로, 그 가치가 830만 달러나 돼요.

6600만 년 전,
공룡은 갑자기 멸종했어요.
하지만 아무도 그 원인을 확실하게
알지는 못해요. 우주에서 떨어진 커다란
소행성이 지구에 충돌하면서 대기를 먼지로
가득 채웠기 때문이라는 게 가장 널리
받아들여지는 이론이에요.
먼지로 인해 햇빛이 차단돼 지구의 기후가
아주 추워져서 모든 게
얼어붙었을 거라고 해요.

또 다른 이론은
화산 폭발 때문에 공룡이
모두 멸종했다는 거예요. 화산이 폭발한 뒤
독성 가스가 공기를 가득 채우고 기후가
변하면서 공룡들이 살아남지 못했다는
가설이지요.

하지만
거북, 상어, 조류처럼
지금까지 살아 있는 동물들도 있어요.
용반목 공룡의 후손들이지요.

이후에 많은 새로운
동물들이 지구에
나타나기 시작했어요.
원숭이, 고양이, 그리고
우리 말이에요!

공룡

초판 1쇄 인쇄 2023년 2월 15일
초판 1쇄 발행 2023년 3월 7일

글 클리브 기포드 | 그림 커스티 데이비드슨 | 번역 김지연
펴낸이 백영희 | 펴낸곳 ㈜너와숲 | 주소 (08501) 서울시 금천구 가산디지털1로 225 에이스가산포휴 204호
전화 02)2039-9269 | 팩스 02)2039-9263 | 등록 2021년 10월 1일 제2021-000079호
ISBN 979-11-92509-38-9 (77400) 979-11-92509-36-5 (세트) | 정가 16,000원

이 책을 만든 사람들
편집 김민혜 | 디자인 글자와기록사이 | 마케팅 배한일 | 제작처 예림인쇄

· 이 책의 판권은 지은이와 (주)너와숲에 있습니다.
· 이 책의 일부 또는 전부를 재사용하려면 반드시 양측의 서면 동의를 받아야 합니다.
· 잘못된 책은 구입하신 서점에서 교환해드립니다.

이 책의 한국어판 저작권은 팝 에이전시(POP AGENCY)를 통한 저작권사와의 독점 계약으로
너와숲출판사가 소유합니다. 신 저작권법에 의하여 한국 내에서 보호를 받는 저작물이므로
무단전재와 무단복제를 금합니다.

글 클리브 기포드

사우스햄튼 대학에서 정치 과학을 전공했습니다. 저널리스트이자 작가로 800편이 넘는 기획 기사와 100권이 넘는 책을 썼습니다. 여행을 좋아해 70여 개국을 여행했습니다. 낙하산 다이빙을 즐기고 축구를 비롯한 몇몇 코치로도 활동 중입니다. 컴퓨터 게임 업체를 운영하며, 영국 맨체스터에 삽니다. 지은 책으로는 《올림픽 이야기》, 《로봇》, 《세상의 모든 국기》, 《색깔의 역사》 등이 있습니다.

그림 커스티 데이비드슨

영국 브라이튼에서 살며, 일러스트레이터이자 캐릭터 디자이너로 다양한 출판사들과 작업을 하고 있습니다. 주로 그림책 삽화 작업을 하고, 오키도 앱 등에서 캐릭터 디자인 작업도 하며, 환경 등의 다양한 프로젝트에 비주얼 디자이너로 작업하기도 했습니다. 그림책을 모으는 것이 취미입니다.

번역 김지연

한국외국어대학교를 졸업하고 국내외 저작권 회사 팝 에이전시와 번역 회사 팝 프로젝트의 대표를 맡고 있습니다. 두 아들의 엄마로 어린이에게 꿈과 희망을 주는 책을 쓰고, 또 찾아서 우리말로 옮기며 활발히 활동하고 있어요. 쓴 책으로는 《엉덩이 심판》, 《걱정 삼킨 학교》, 《콧구멍 경호대》가 있고, 옮긴 책으로는 《우리 엄마는》, 《나의 아빠》, 《빨간 가방》, 《내셔널지오그래픽 공룡 대백과》, 《진짜 색깔을 찾습니다》, 《함께》, 《완벽한 책을 찾아서》, 《정말 정말 신기한 용 백과사전》 등이 있습니다.